My Mobile Pre-K

By Sylva Nnaekpe

Written by

Sylva Nnaekpe

ISBN: 978-1-955692-89-2 (Soft Cover)
ISBN: 978-1-955692-91-5 (Hard Cover)

Printing information available on the last page.

Silsnorra Publishing Review Date: 07/28/2021

Alphabet Fun

ABCDEFGHIJ
KLM
PON
qOS
RT
WYVUZ
X

a b c d

e f g h i

j k l m n o

p q r s t u

v w x y z

APRON

banana

B

carrot

DINOSAUR

EAGLE

FLOWER

GIFT

HOUSE

H

ICE CREAM

I

JET

J

KID

K

LION

L

MOP

M

NUT

N

OWL

PINEAPPLE

QUEEN

ROCKET

R

SUN

S

TREE T

UNICORN

VEGETABLES

V

WATERMELON

W

XYLOPHONE

YOYO

Y

ZEBRA

ALPHABET
FUN

a b c d
e f g h i
j k l m n o
p q r s t u
v w x y z

NUMBERS FUN

1 2 3 4 5

6 7 8

9

10

1

Two two

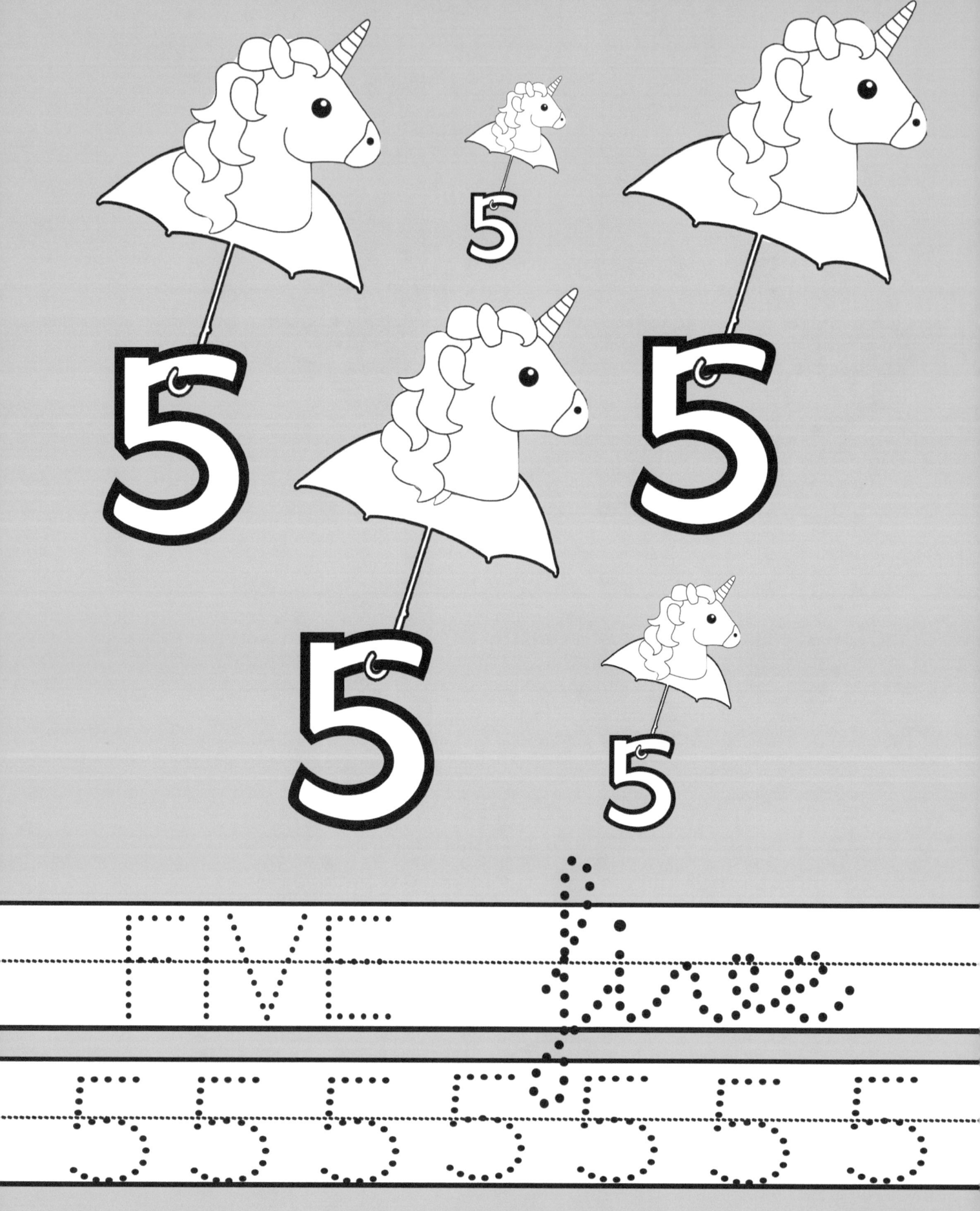

5

6

SIX six

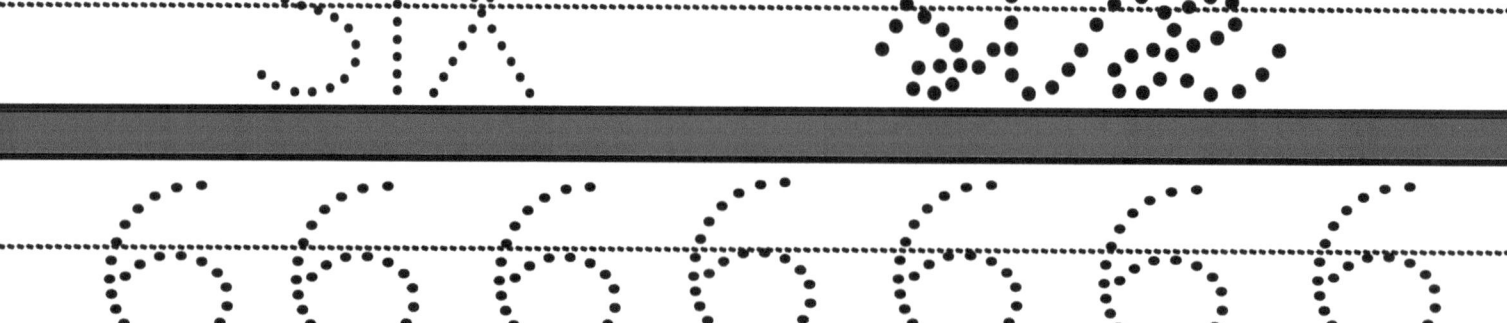

TEN   ten

10 10 10 10

10

TRACING FUN

A B C D E F G

H I J K L M N

O P Q R S T U

V W X Y Z

1 2 3 4 5

6 7 8 9 10

1 2 3 4 5

6 7 8 9 10

A B C D E F G H I J K L M N O P Q R S T U V W X Y Z

A B C D E F G

H I J K L M N

O P Q R S T U

V W X Y Z

1 2 3 4 5

6 7 8 9 10

1 2 3 4 5

6 7 8 9 10

A B C D E F G H I J K L M N O P Q R S T U V W X Y Z

A B C D E F G

H I J K L M N

O P Q R S T U

V W X Y Z

1 2 3 4 5

6 7 8 9 10

1 2 3 4 5

6 7 8 9 10

A B C D E F G H I J K L M N O P Q R S T U V W X Y Z

A B C D E F G

H I J K L M N

O P Q R S T U

V W X Y Z

1 2 3 4 5

6 7 8 9 10

1 2 3 4 5

6 7 8 9 10

A B C D E F G H I J K L M N O P Q R S T U V W X Y Z

A B C D E F G

H I J K L M N

O P Q R S T U

V W X Y Z

1 2 3 4 5

6 7 8 9 10

1 2 3 4 5

6 7 8 9 10

A B C D E F G H I J K L M N O P Q R S T U V W X Y Z

A B C D E F G

H I J K L M N

O P Q R S T U

V W X Y Z

1 2 3 4 5

6 7 8 9 10

1 2 3 4 5

6 7 8 9 10

A B C D E F G H I J K L M N O P Q R S T U V W X Y Z

A B C D E F G

H I J K L M N

O P Q R S T U

V W X Y Z

1 2 3 4 5

6 7 8 9 10

1 2 3 4 5

6 7 8 9 10

A B C D E F G H I J K L M N O P Q R S T U V W X Y Z

A B C D E F G

H I J K L M N

O P Q R S T U

V W X Y Z

1 2 3 4 5

6 7 8 9 10

1 2 3 4 5

6 7 8 9 10

A B C D E F G H I J K L M N O P Q R S T U V W X Y Z

A B C D E F G

H I J K L M N

O P Q R S T U

V W X Y Z

1 2 3 4 5

6 7 8 9 10

1 2 3 4 5

6 7 8 9 10

A B C D E F G H I J K L M N O P Q R S T U V W X Y Z

A B C D E F G

H I J K L M N

O P Q R S T U

V W X Y Z

1 2 3 4 5

6 7 8 9 10

1 2 3 4 5

6 7 8 9 10

A B C D E F G H I J K L M N O P Q R S T U V W X Y Z

A B C D E F G

H I J K L M N

O P Q R S T U

V W X Y Z

1 2 3 4 5

6 7 8 9 10

1 2 3 4 5

6 7 8 9 10

A B C D E F G H I J K L M N O P Q R S T U V W X Y Z

For Ages 3+

Sylva Nnaekpe

ALPHABET COLORING BOOK

I am Qualified

APPLE

ant   alphabet

APPLE

b

bee   boy

BABY

candle   cup

CAKE

DOG

dinosaur door

DOG

ELEPHANT

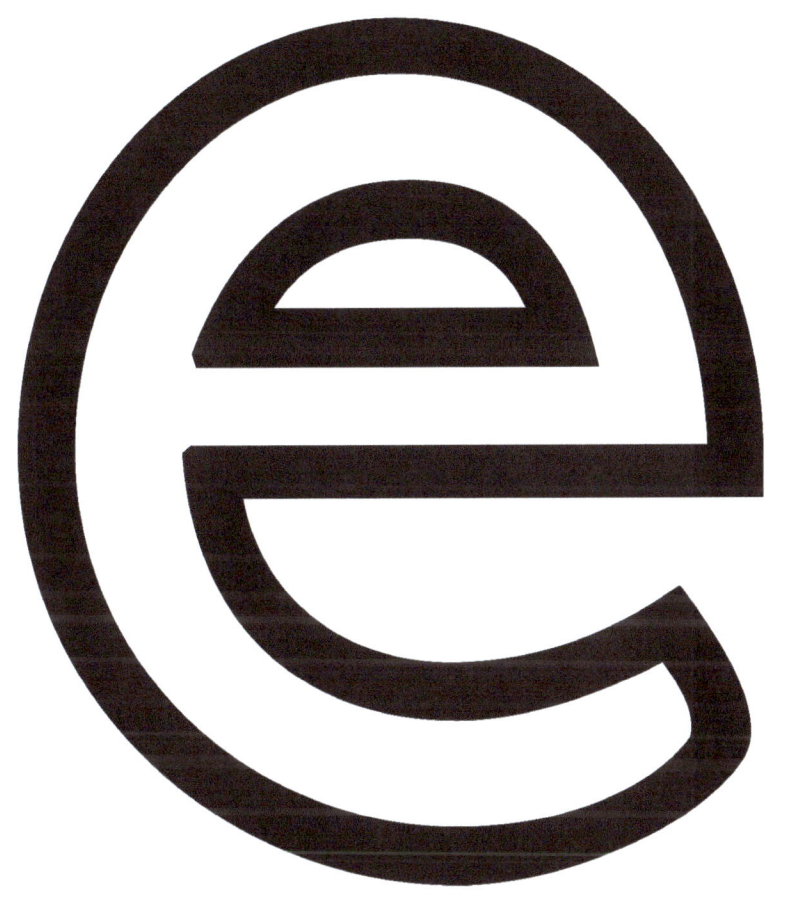

egg   eagle

ELEPHANT

FISH

flower   fruit

FISH

GOGGLES

g

girl   grapes

GOGGLES

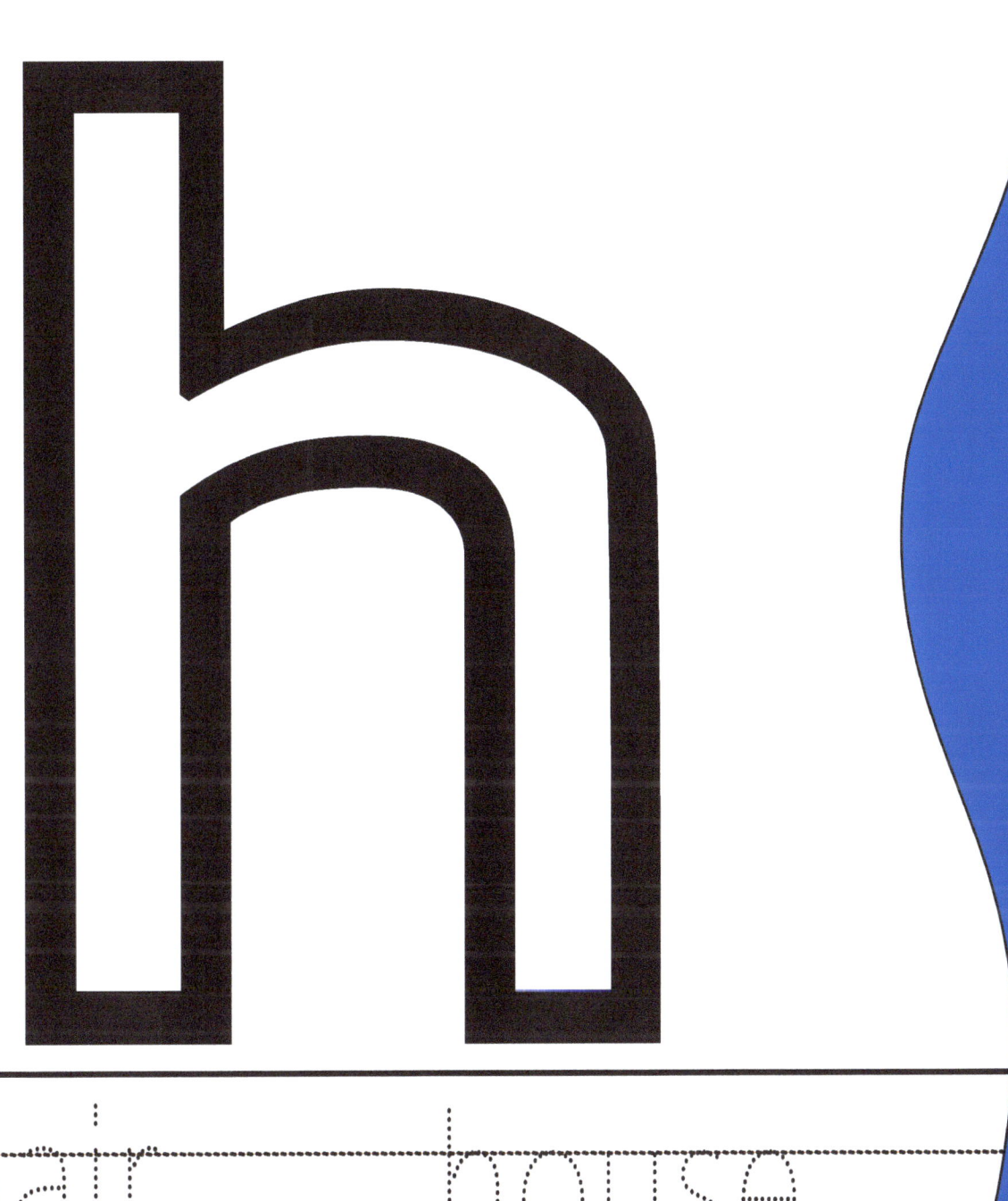

hair house

HAT

IGLOO

island ice cream

IGLOO

J j

jog   jacket

JUMP

KING

K

key   kite

KING

LAMB

lamp   lion

LAMB

MONKEY

m

mom   milk

MONKEY

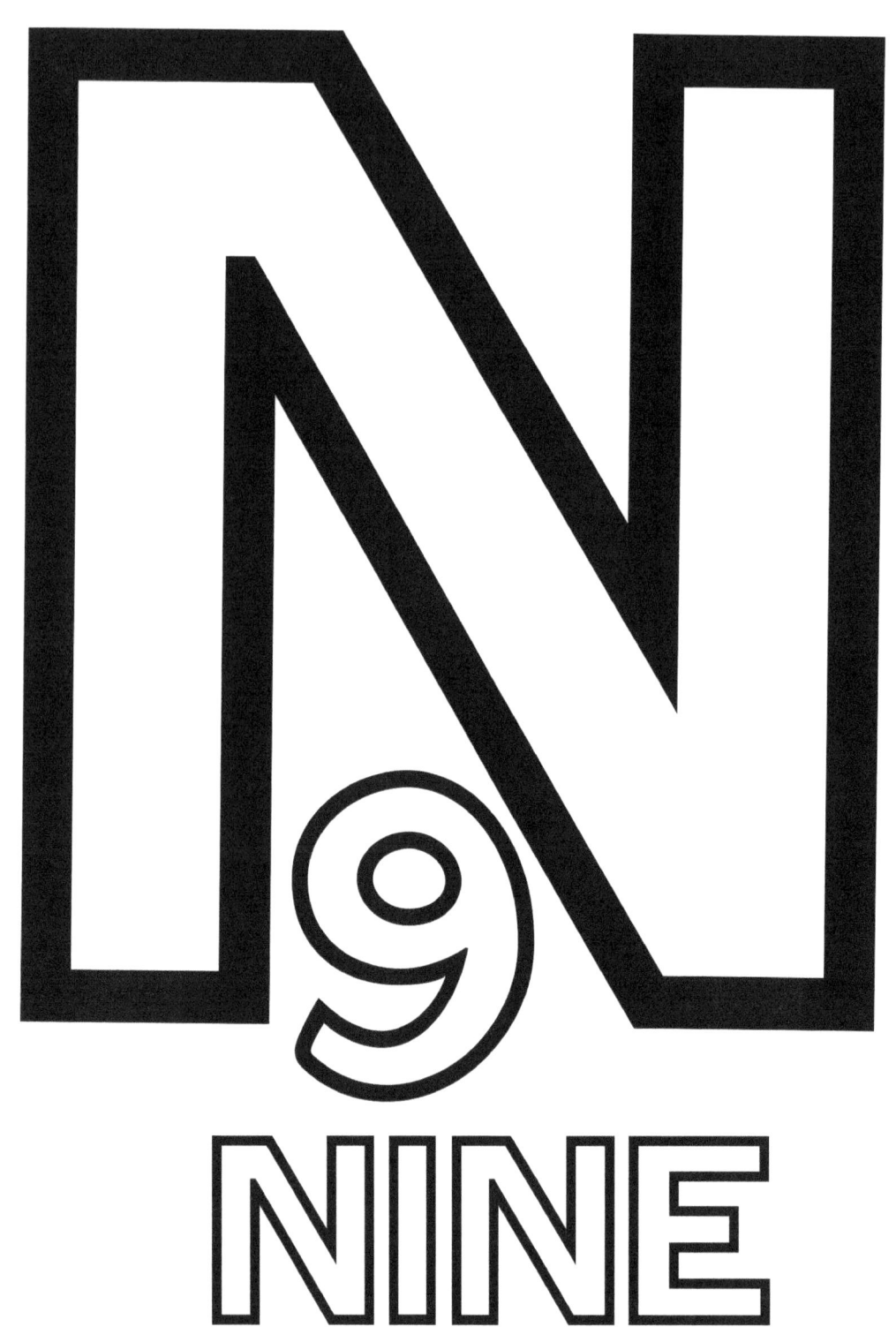

nut   nose

NINE

OWL

O

oyster   orange

OWL

PAN

Pp

poop   paint

PAN

QUEEN

q

quilt   quarter

QUEEN

road   rainbow

ROCKET

SEASHELL

S

snail   sun

SEASHELL

TORTOISES

truck   tree

TORTOISE

UMBRELLA

U u

uniform unicorn

UMBRELLA

VIOLIN

V

vest   van

VIOLIN

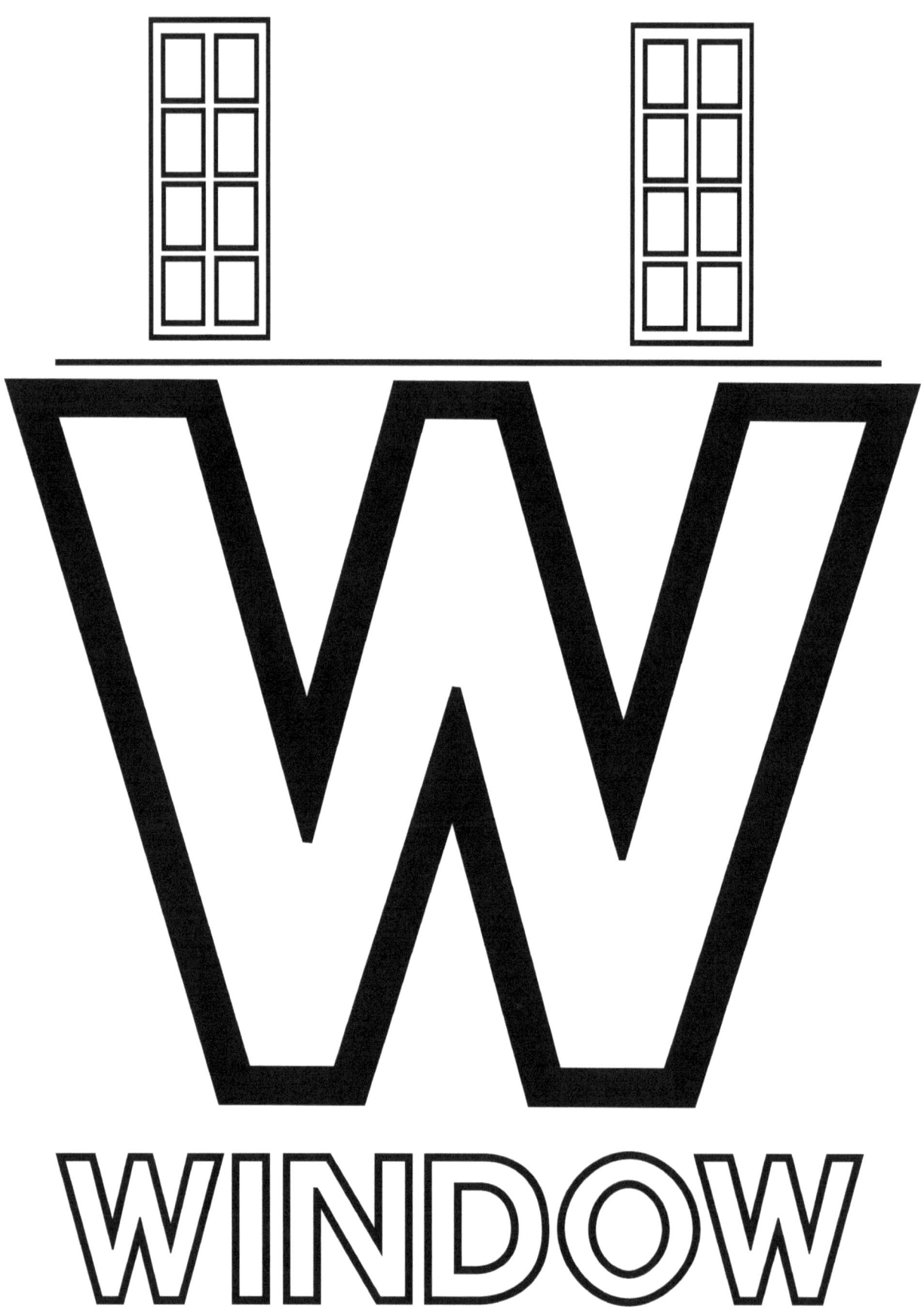

WINDOW

W

watermelon watch

WINDOW

XYLOPHONE

X

x-ray   x-mas

XYLOPHONE

YOYO

y

yellow yoghurt

YOYO

ZEBRA

Z

zigzag zipcode

ZEBRA

Lion

king

umbrella

igloo

cup

I am inventive

1 2 3 4 5

6 7 8

9

10

1 2 3 4 5 6

1 2 3 4 5 6

7 8 9 10

7 8 9 10

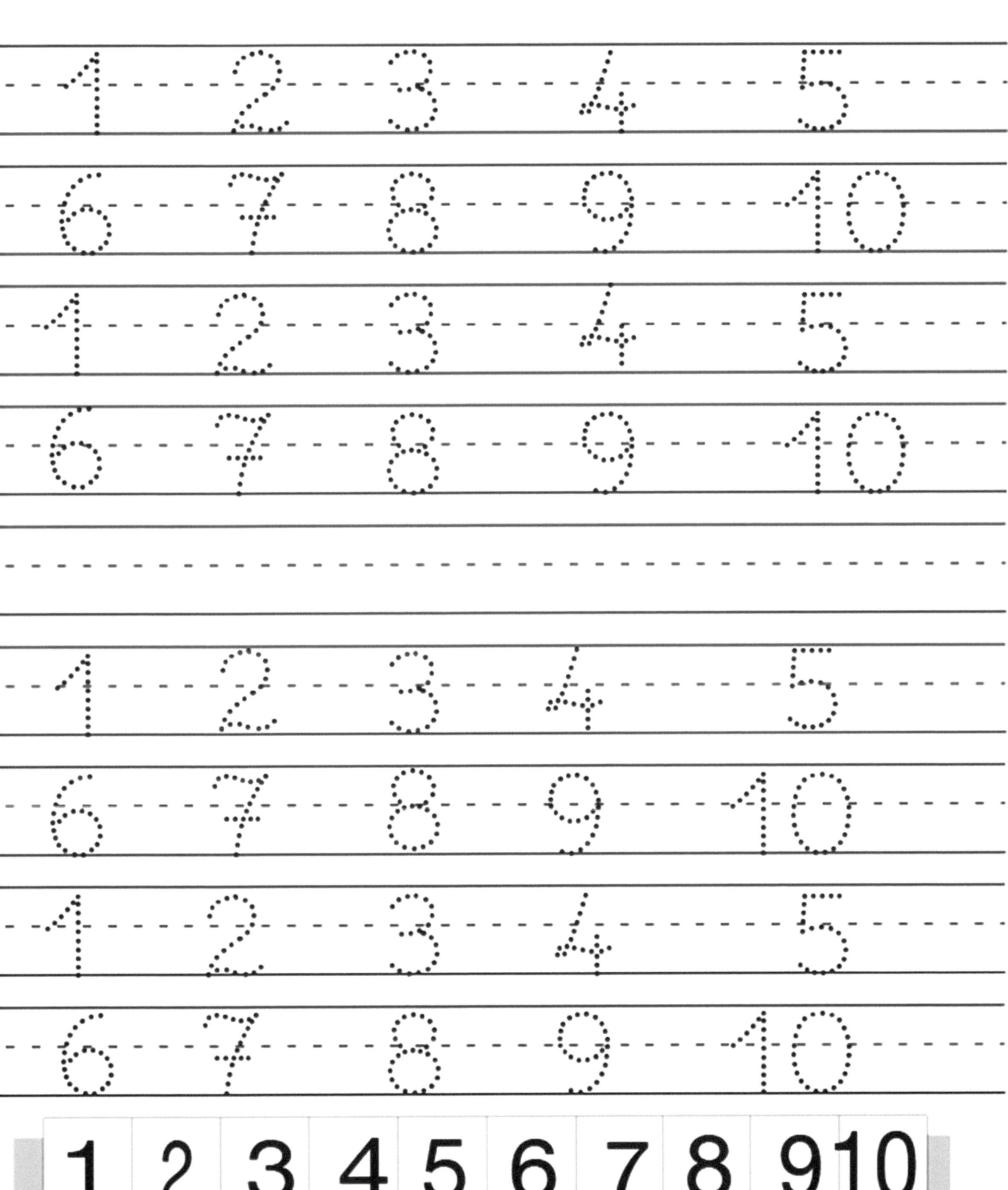

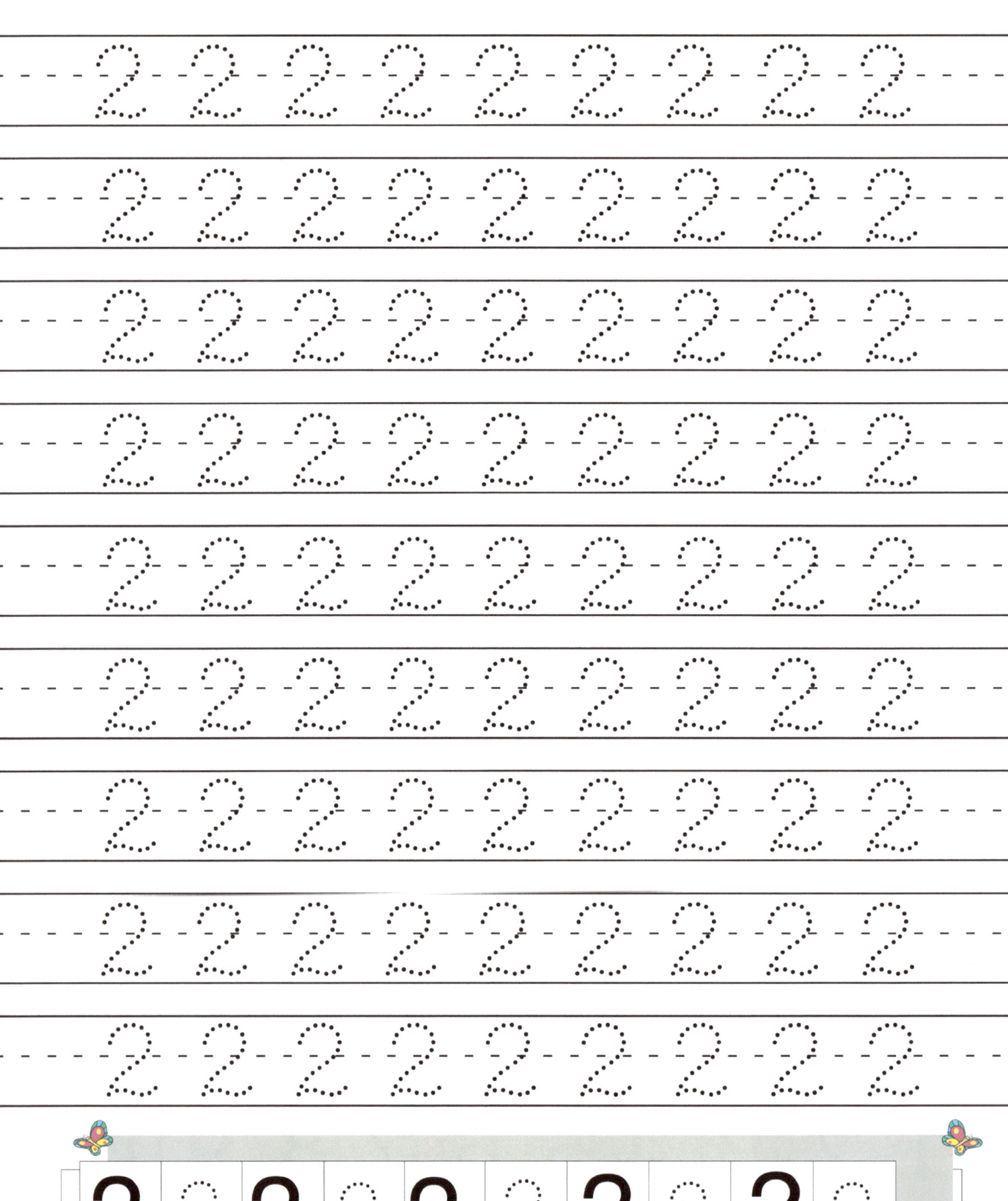

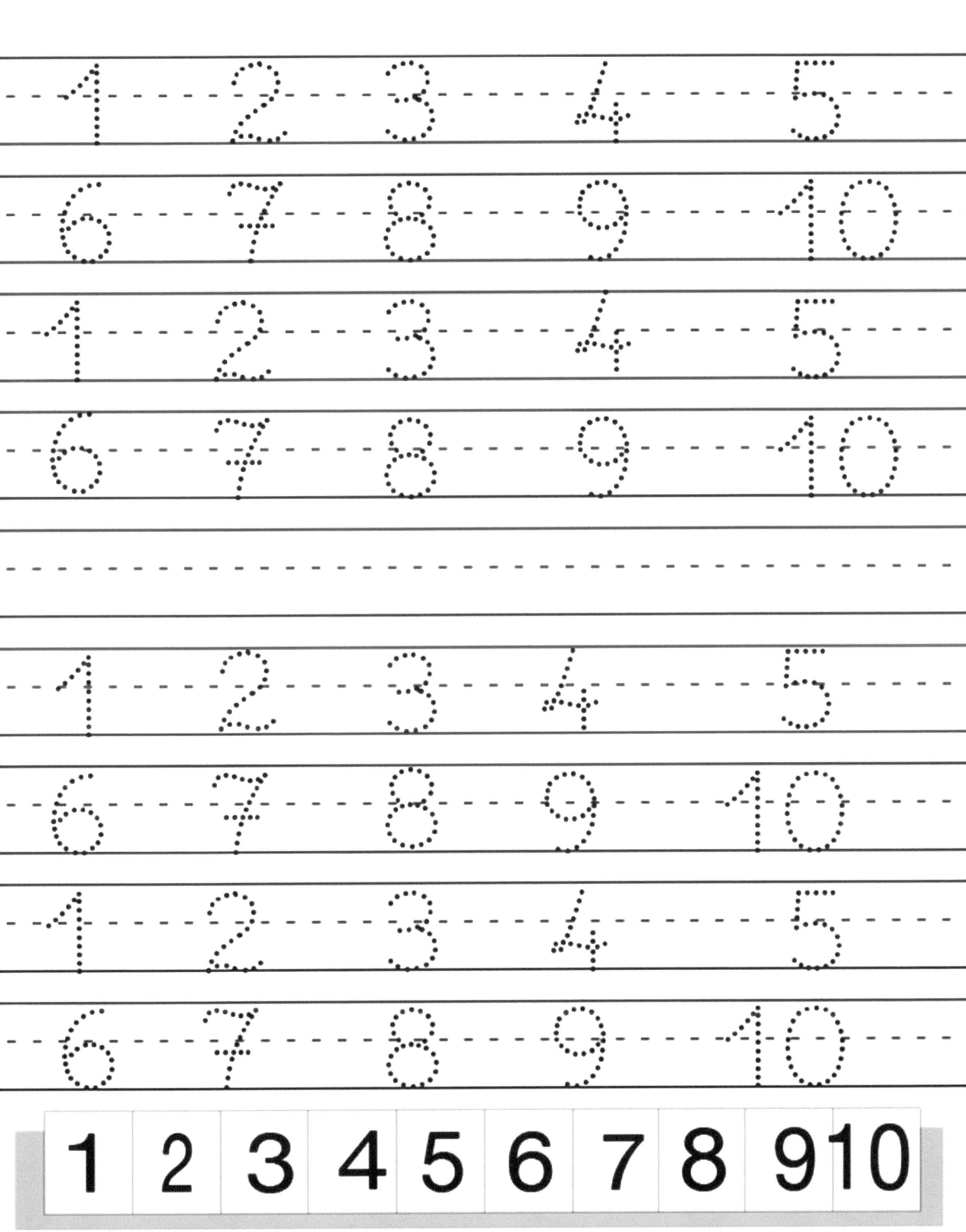

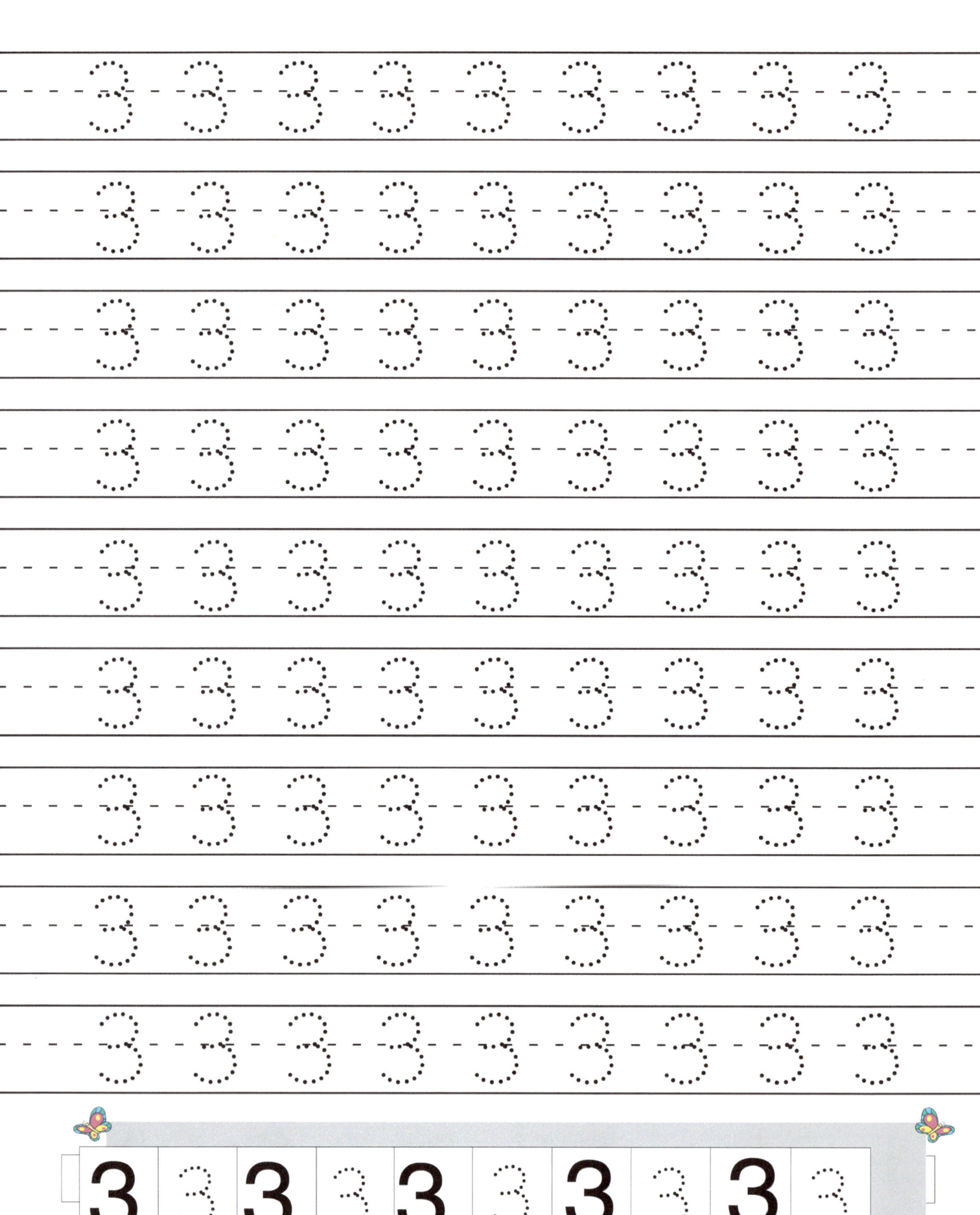

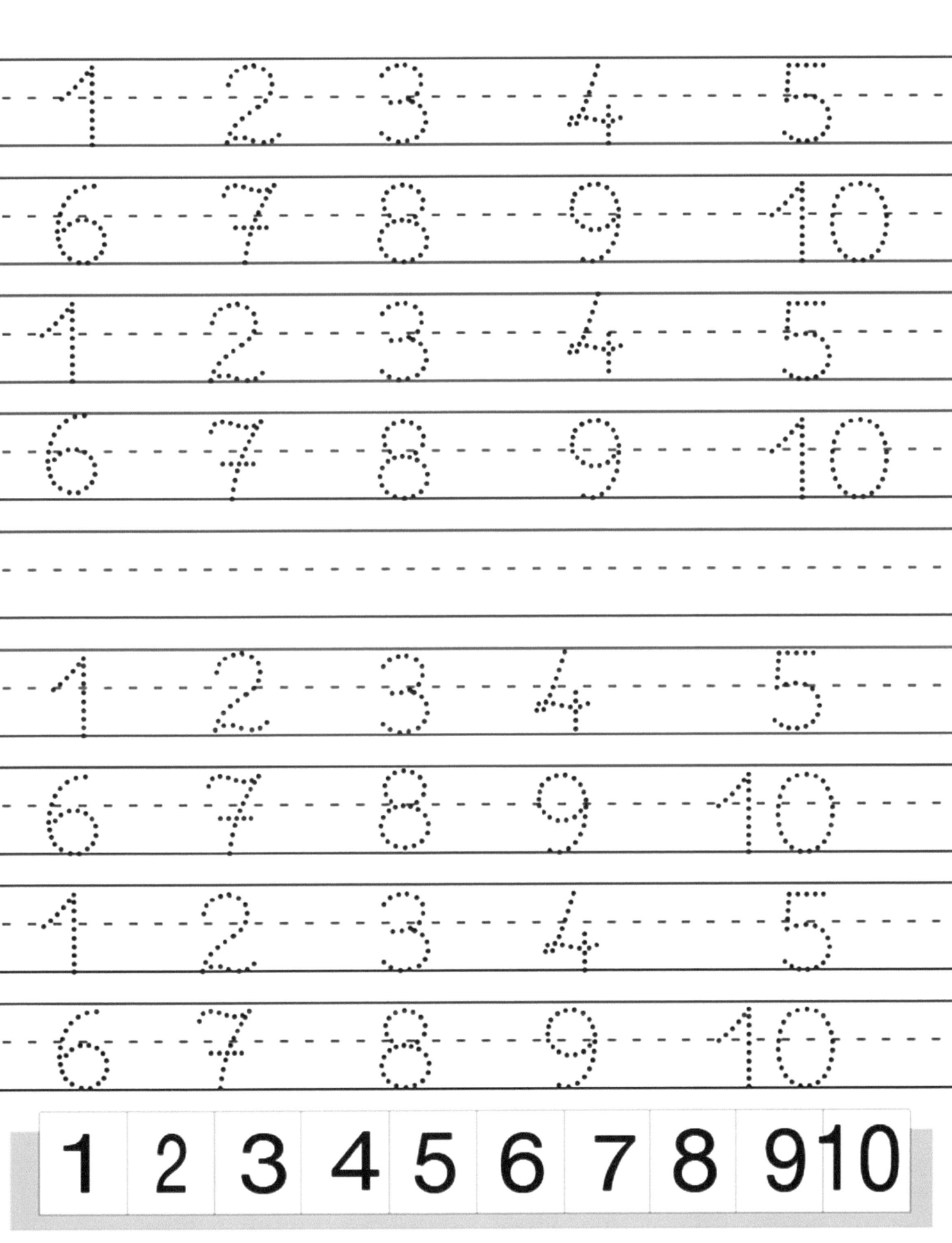

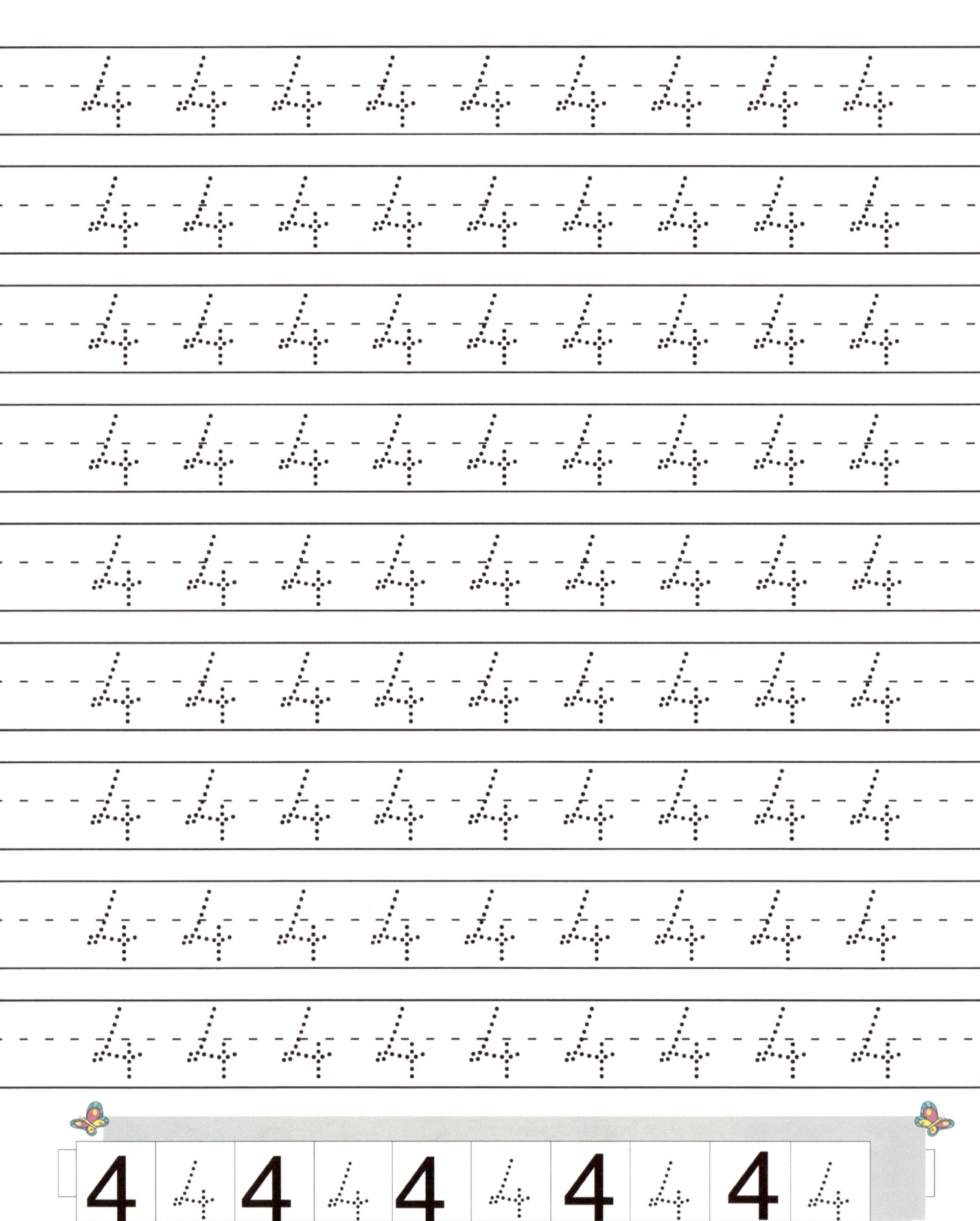

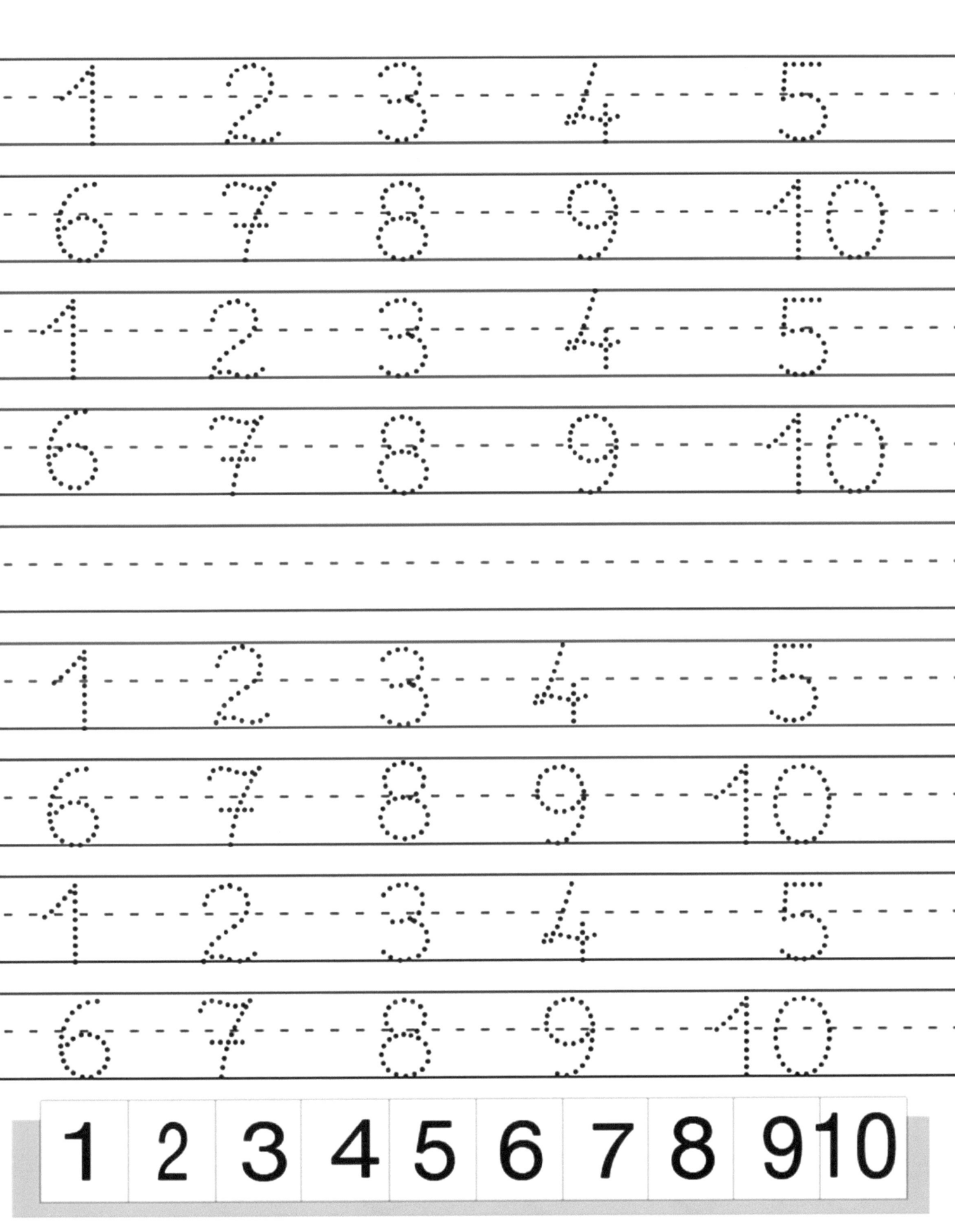

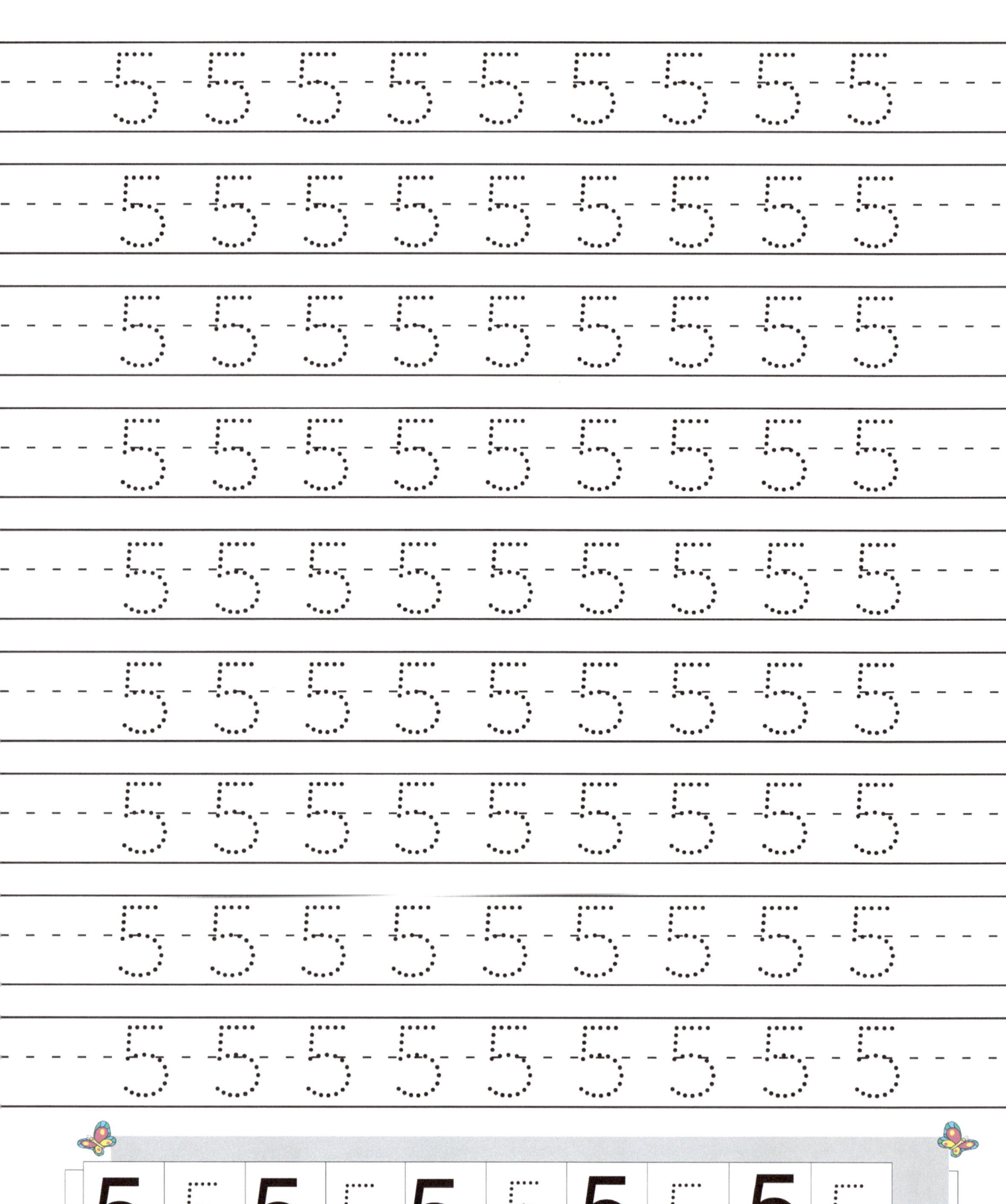

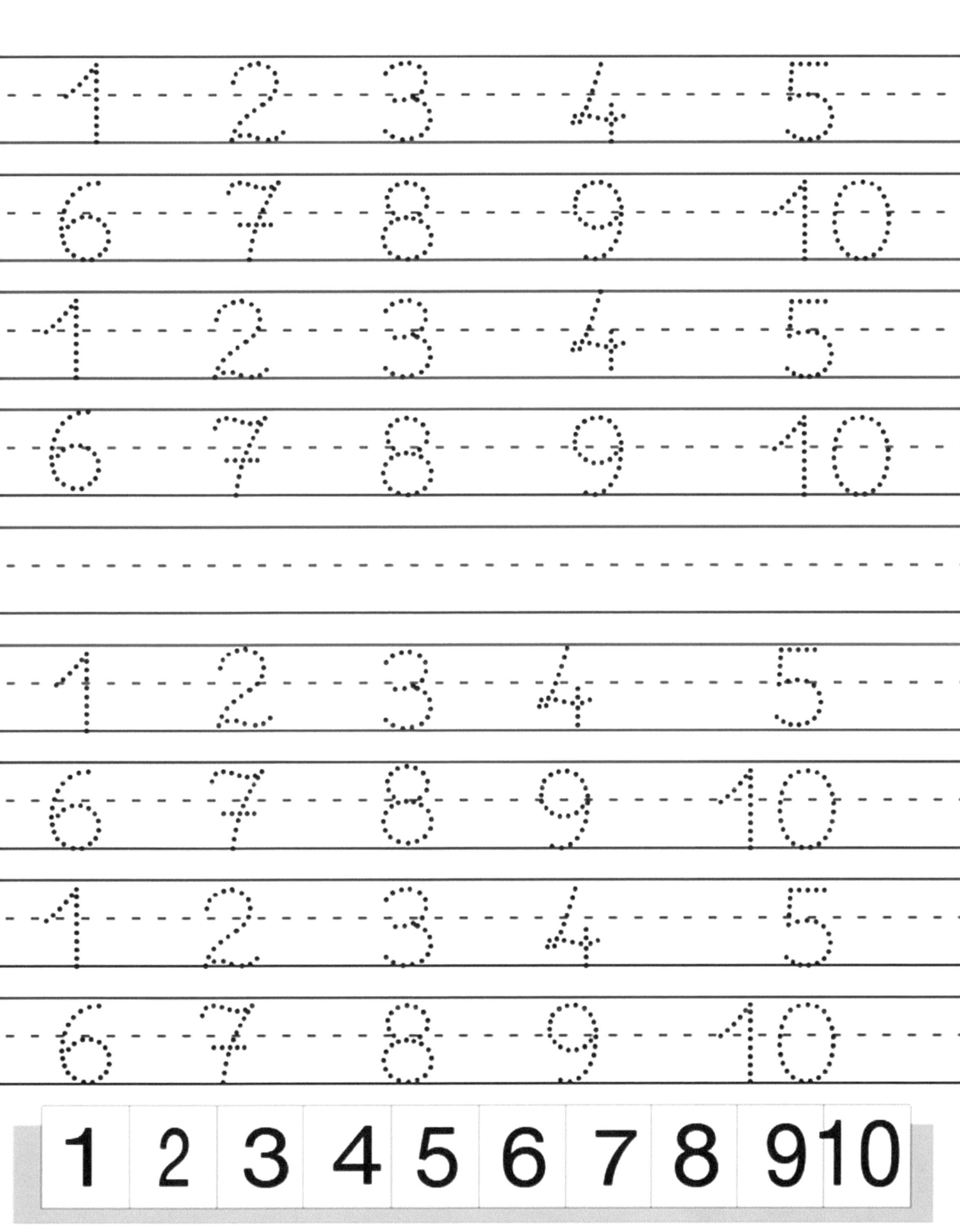

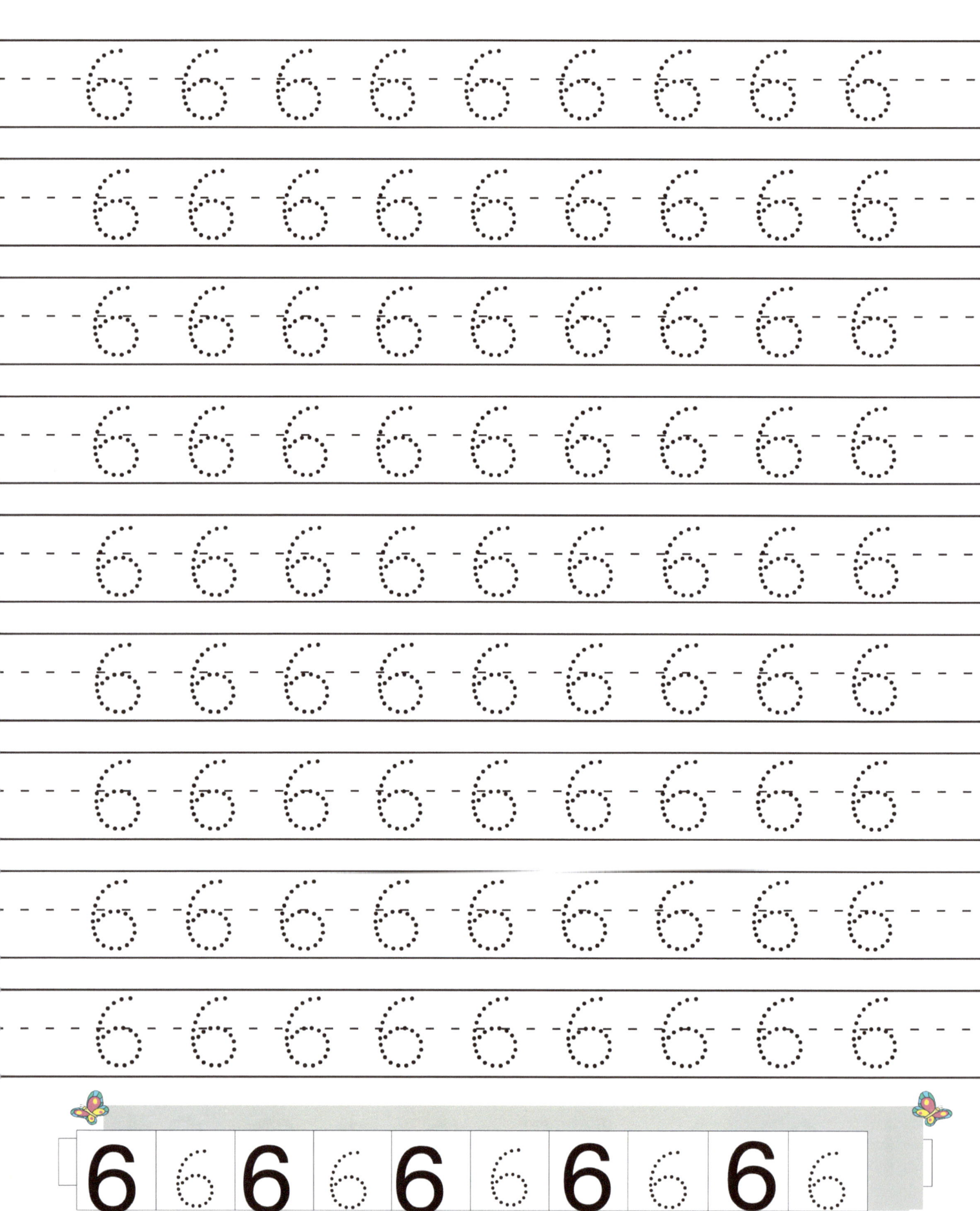

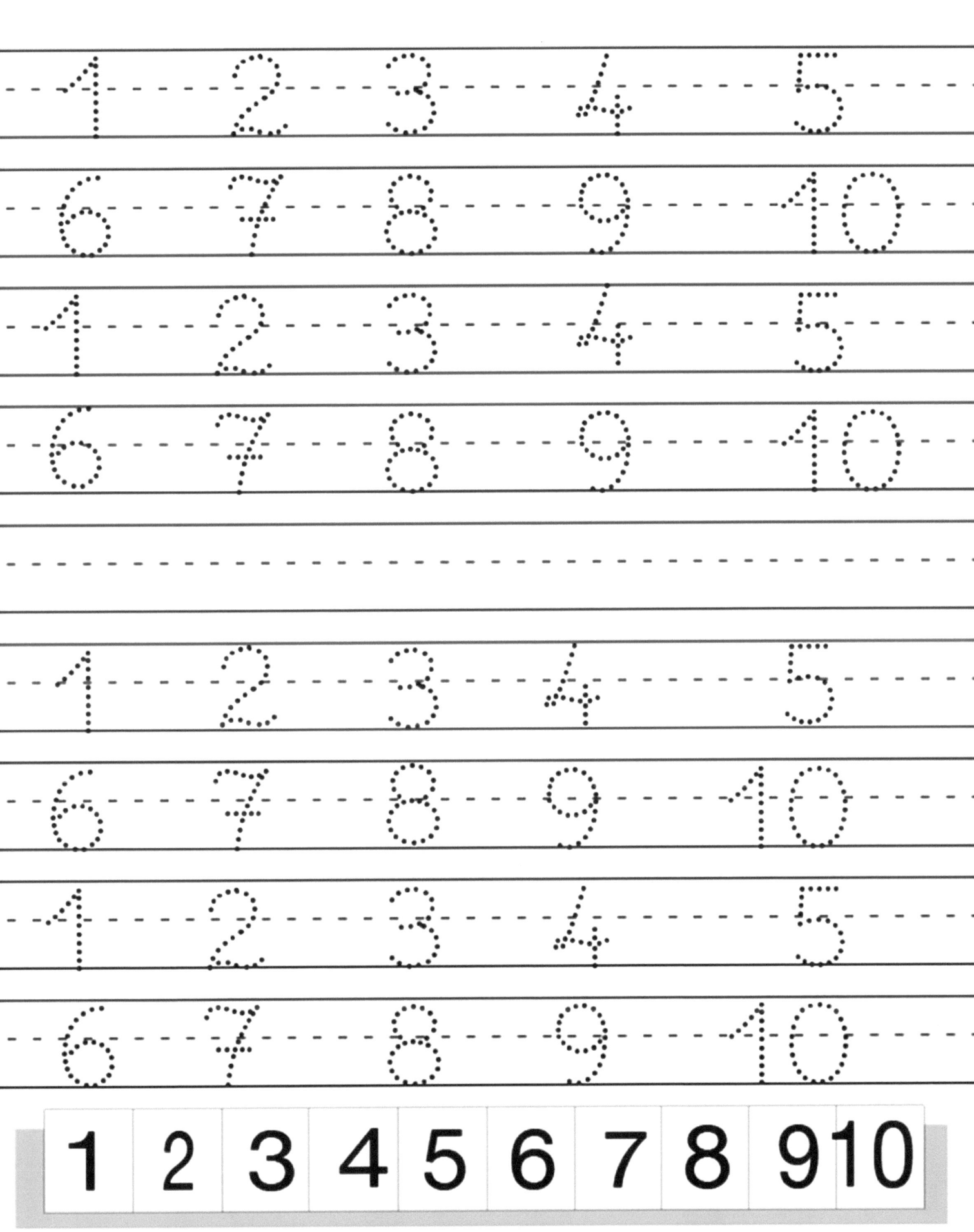

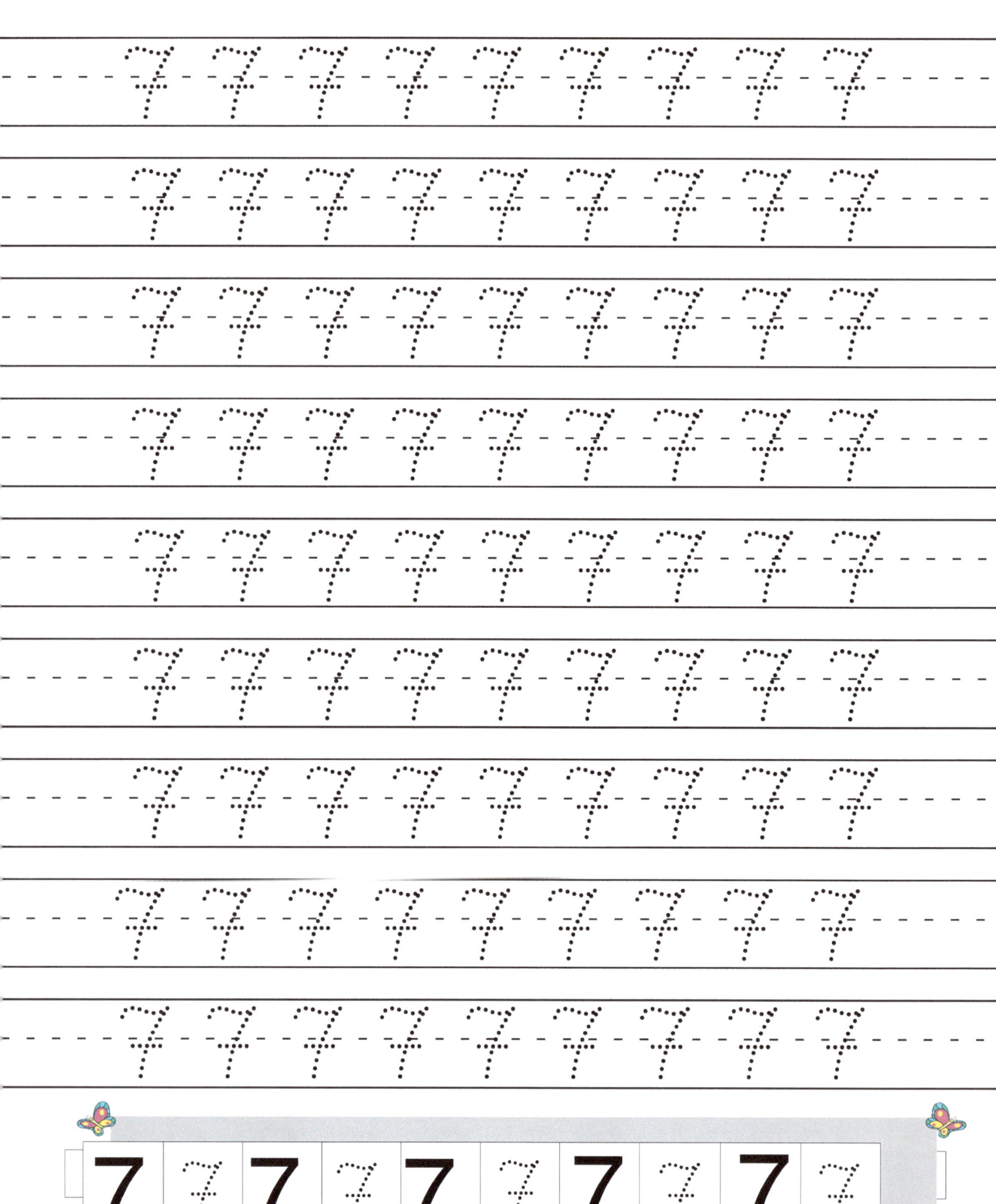

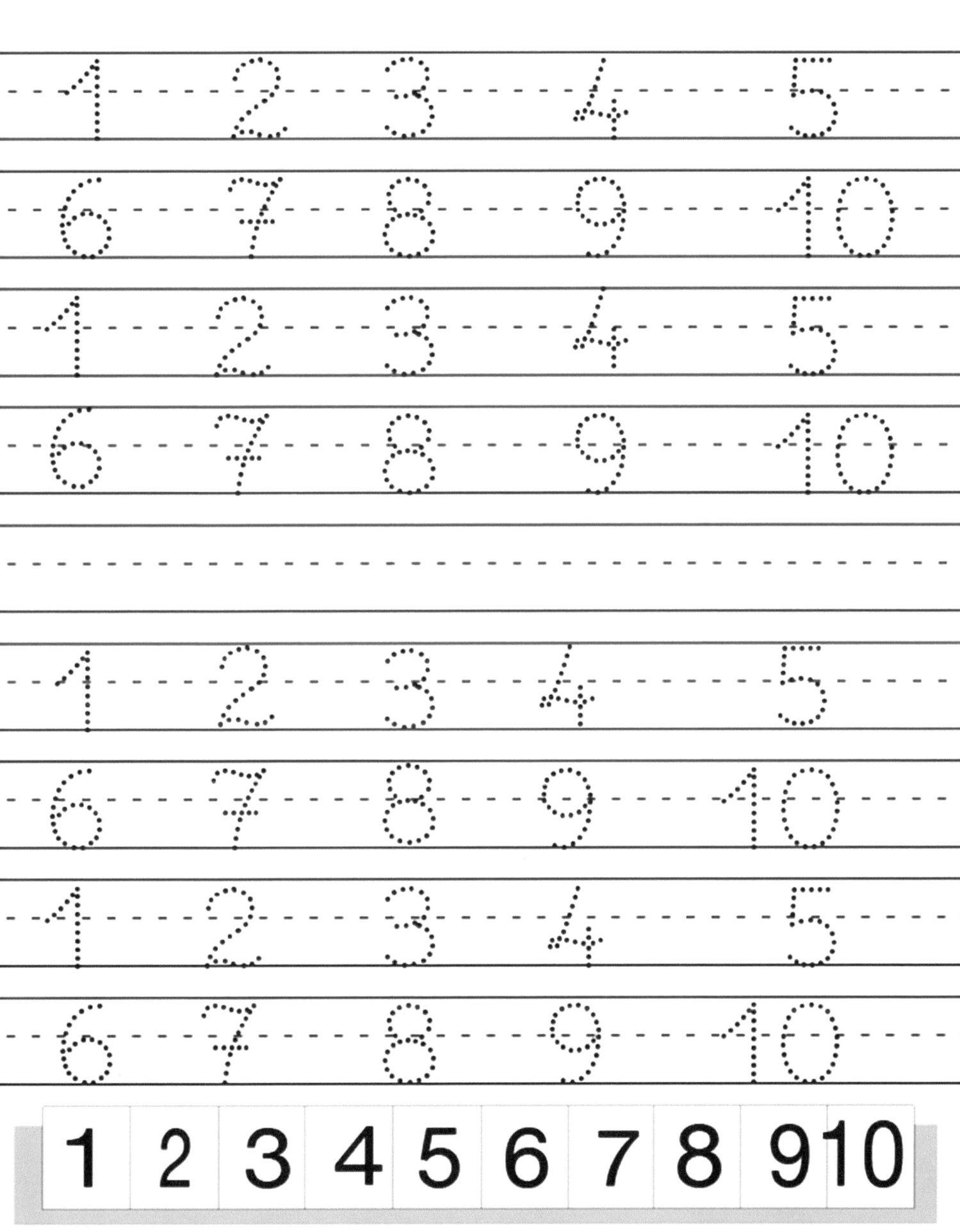

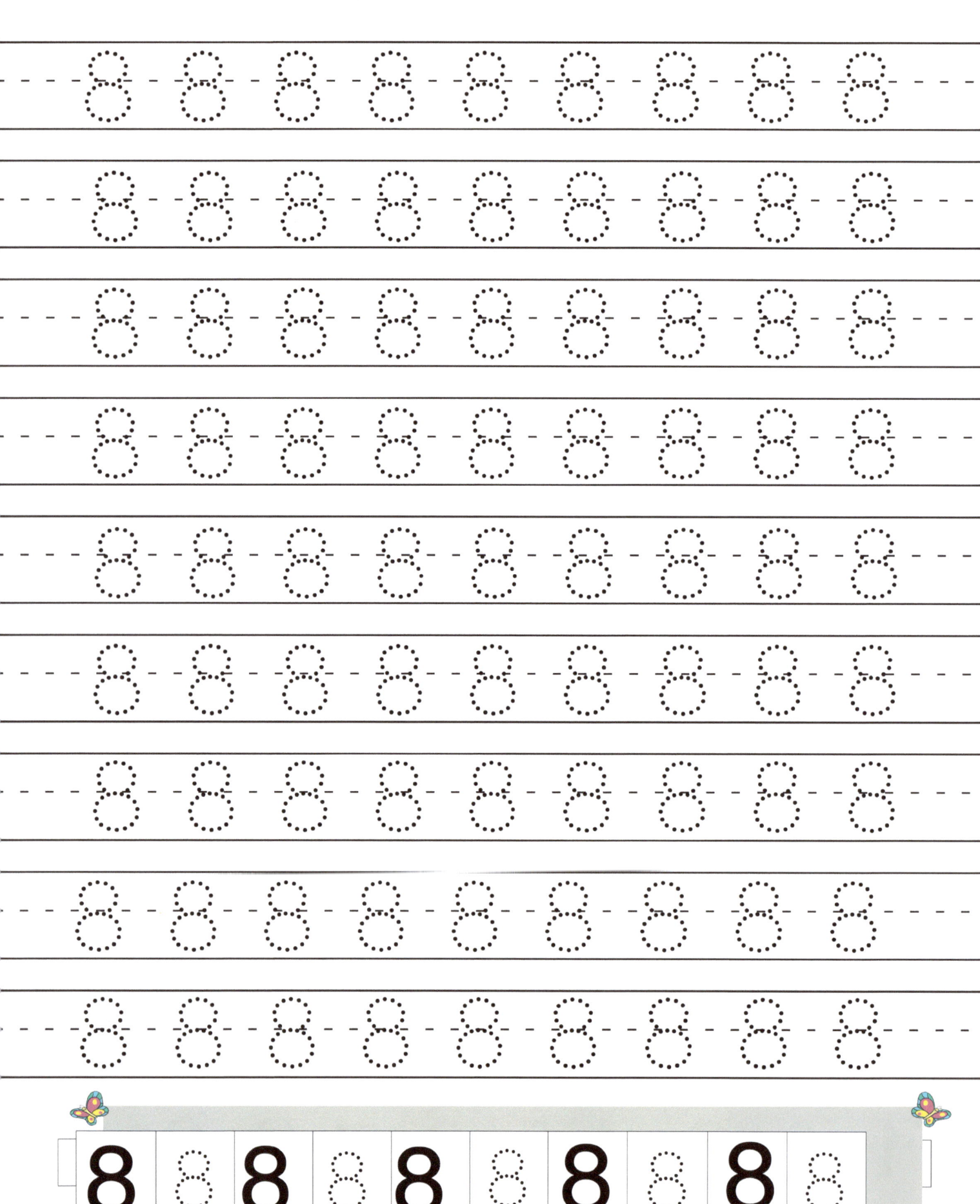

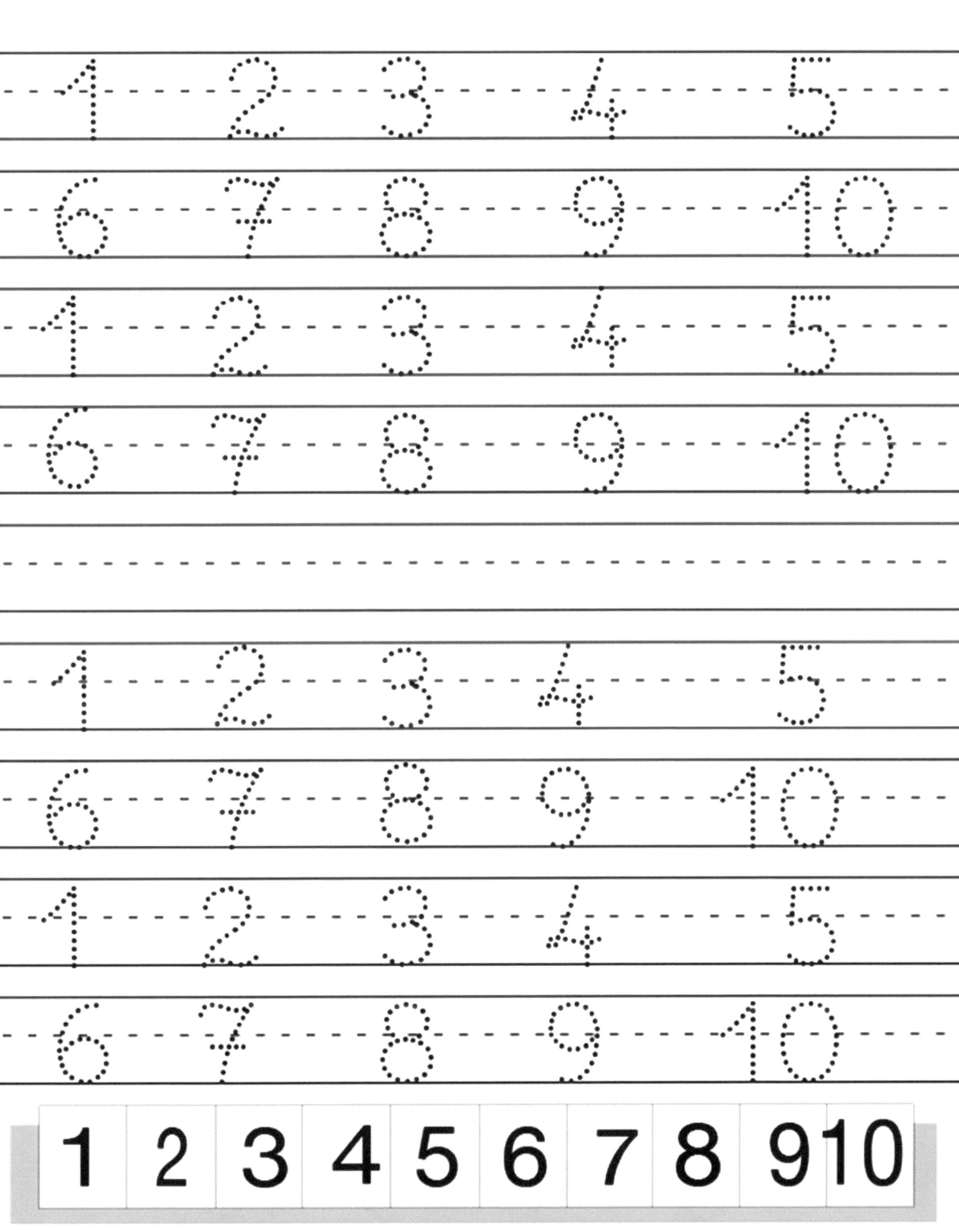

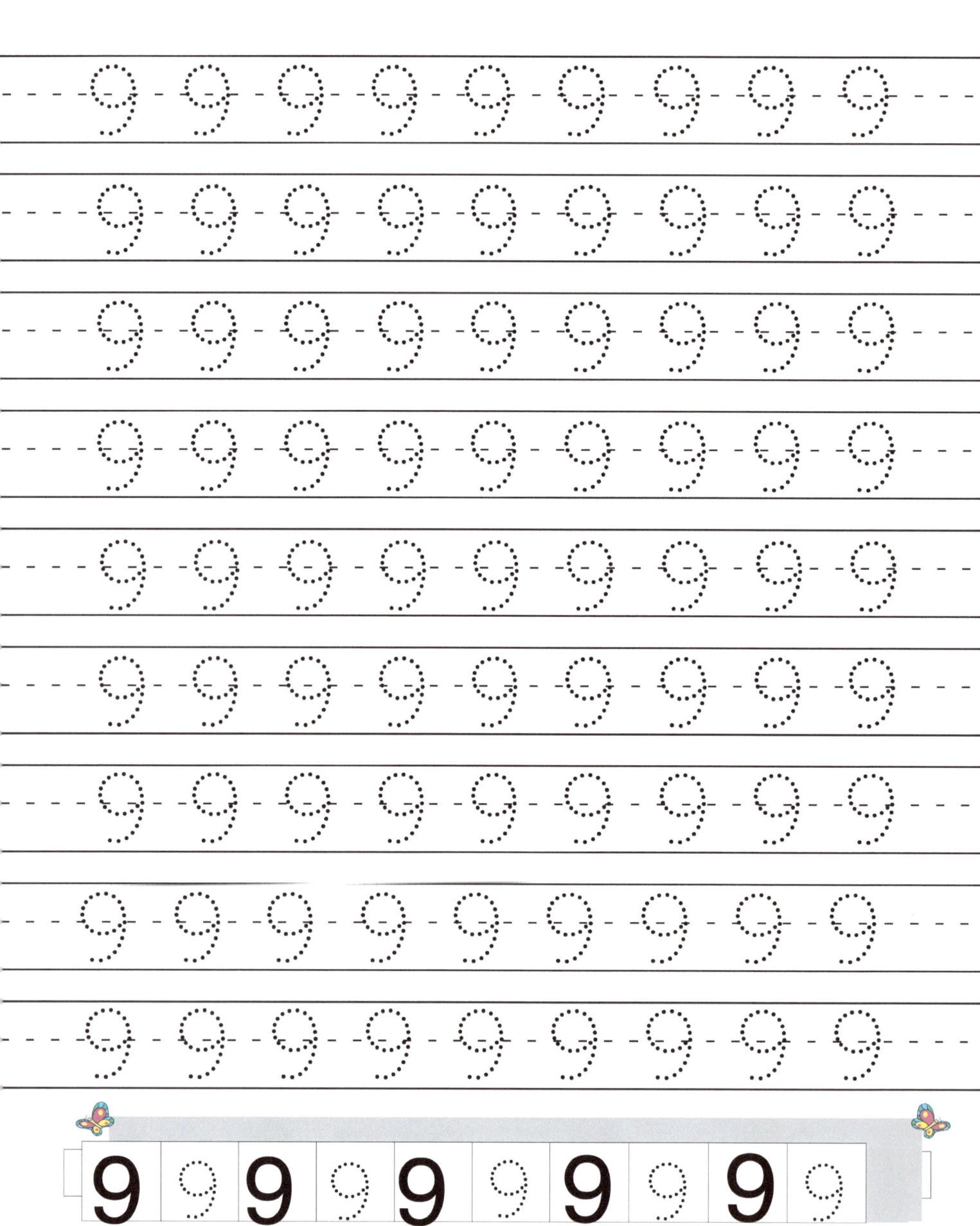

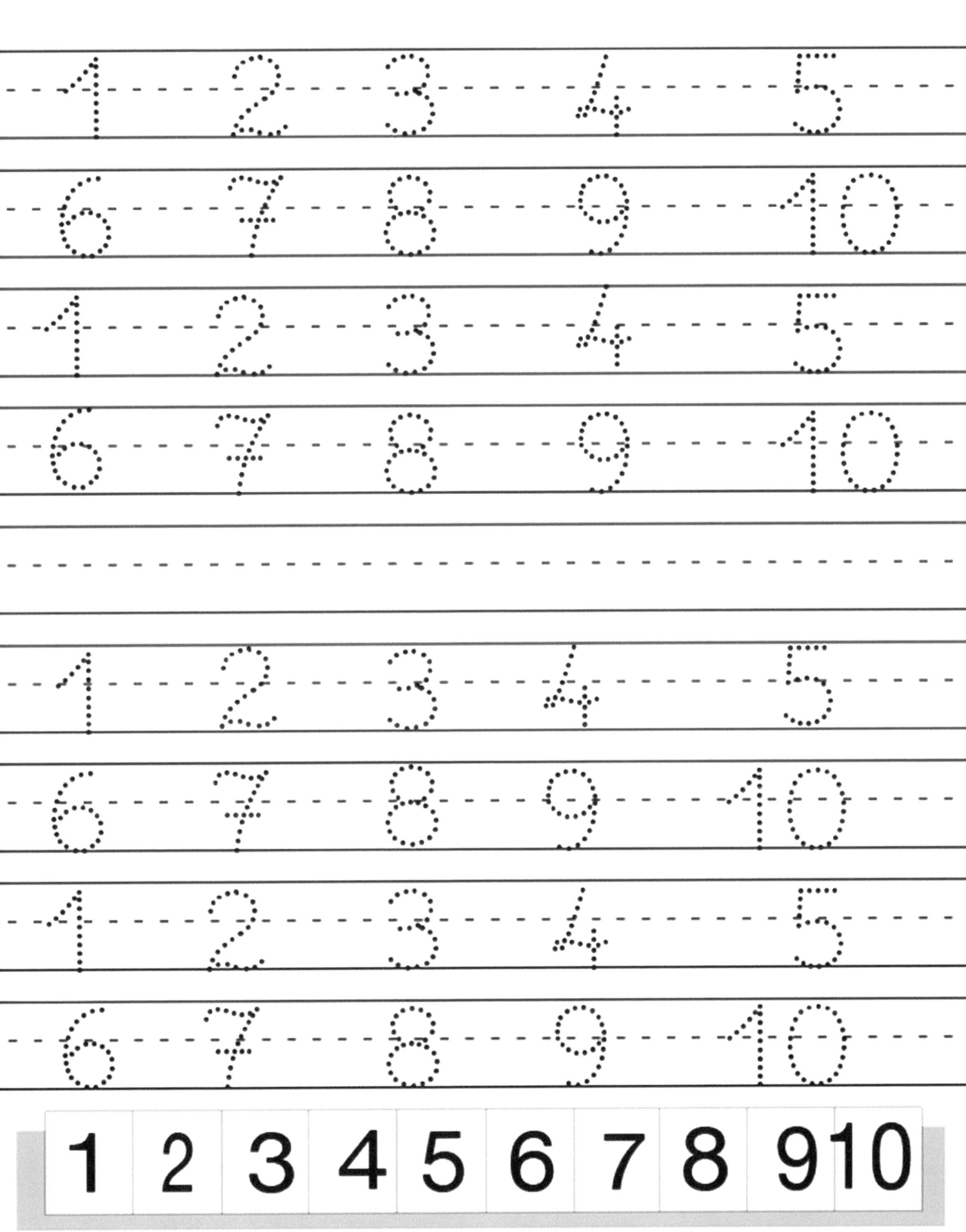

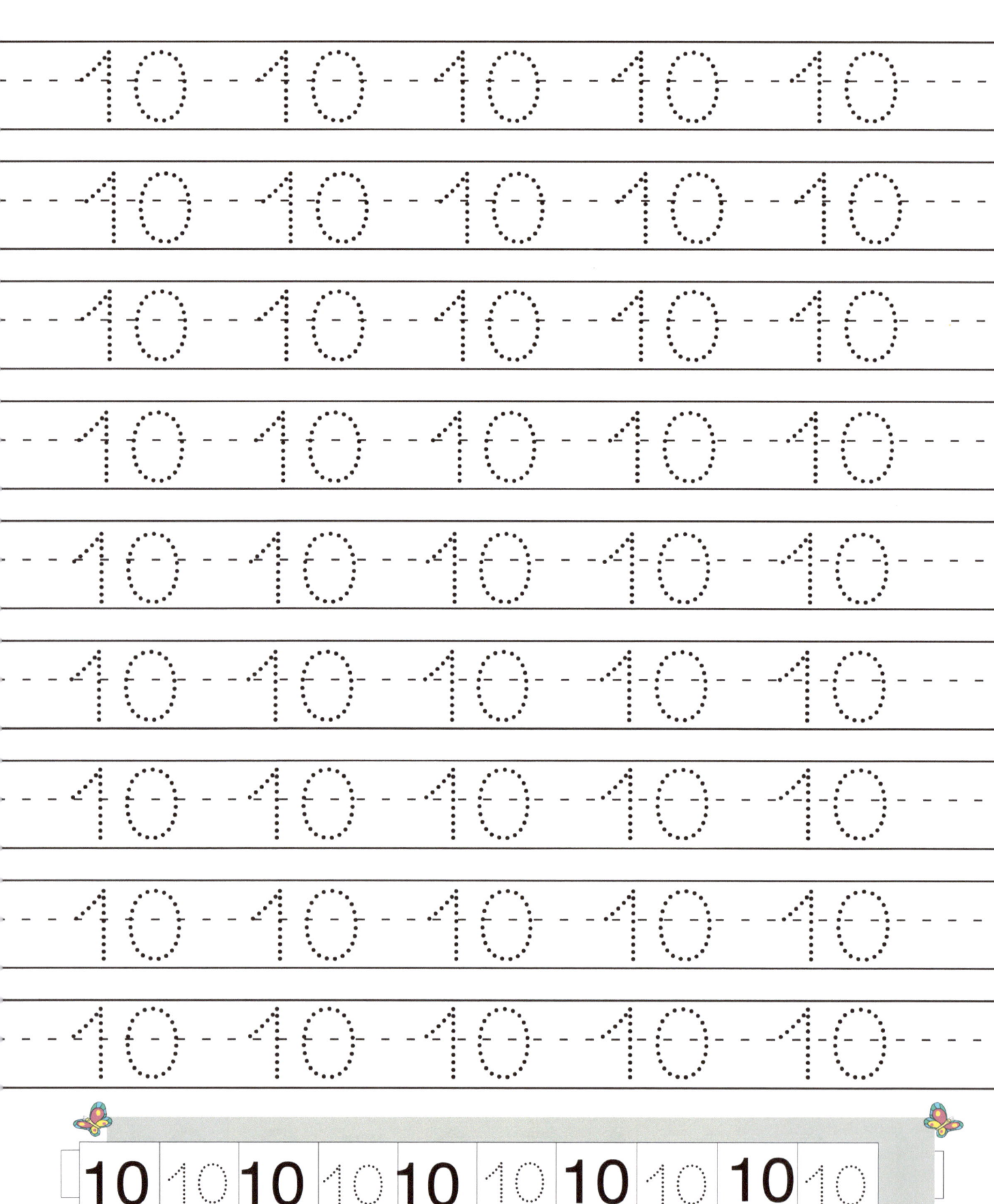

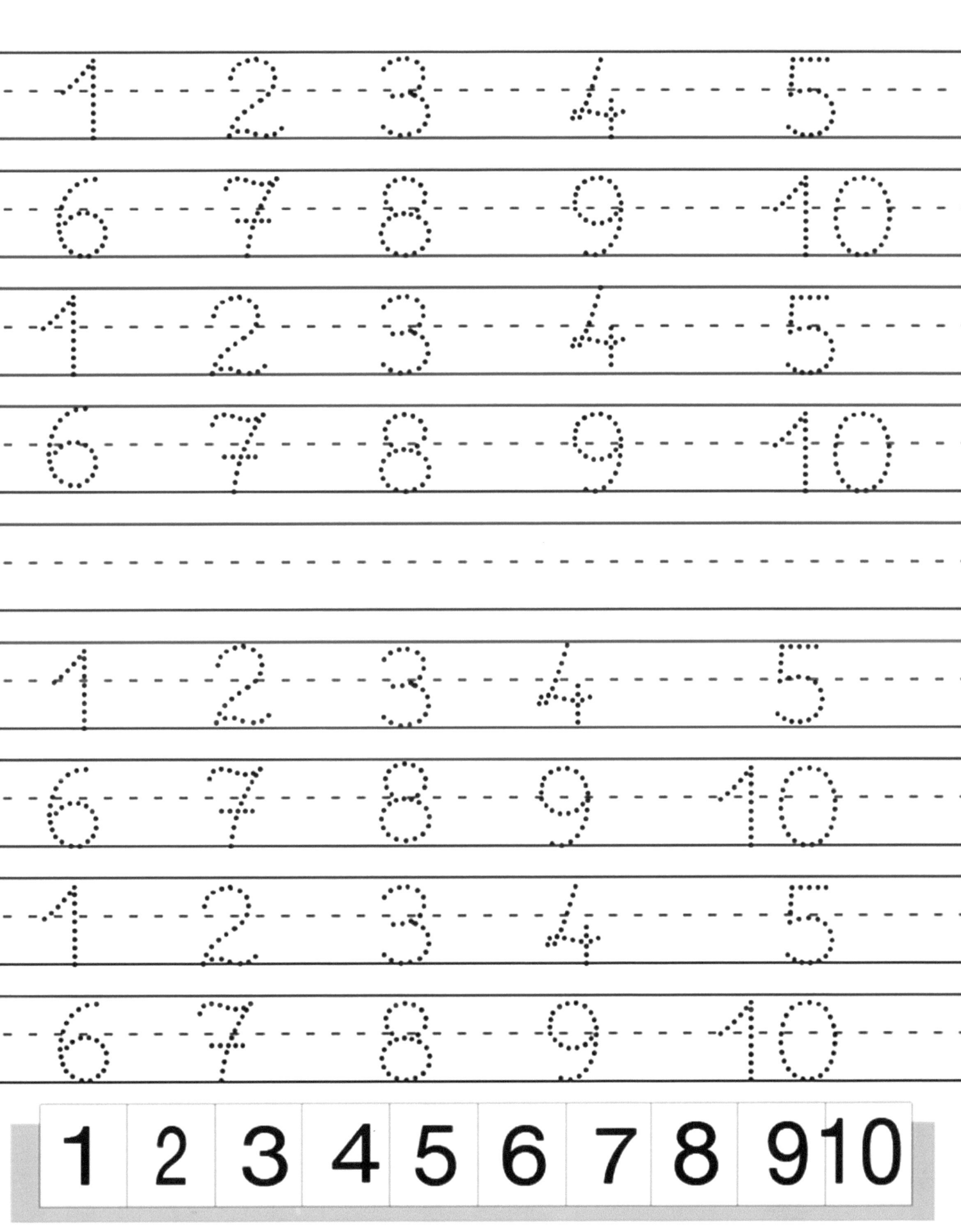

I am Smart

TRACING FUN

A time to trace.

By Sylva Nnaekpe

for Ages 3+

A B C D E
H I J K L
O P Q R S T U
V W X Y Z

Alphabets & Numbers

1 2 3 4
6 7 8 9
1 2 3 4
6 7 8 9

A B C D E F G H I J K L M N O P Q R S

A B C D E F G

H I J K L M N

O P Q R S T U

V W X Y Z

A B C D E

F G H I J K L

M N O P Q R S

T U V W X Y Z

A B C D E F G H I J K L M N O P Q R S T U V W X Y Z

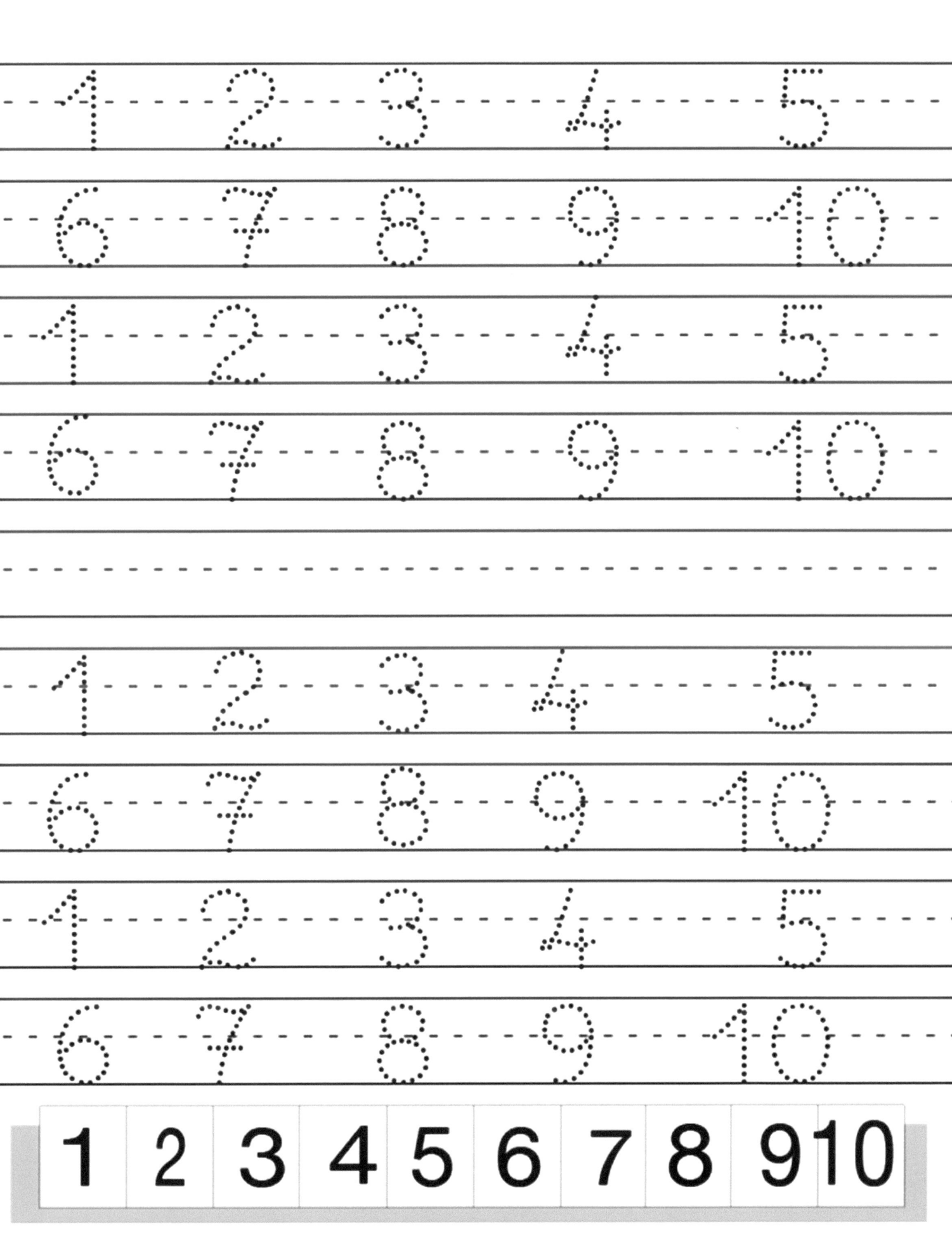

A B C D E F G

H I J K L M N

O P Q R S T U

V W X Y Z

A B C D E

F G H I J K L

M N O P Q R S

T U V W X Y Z

A B C D E F G H I J K L M N O P Q R S T U V W X Y Z

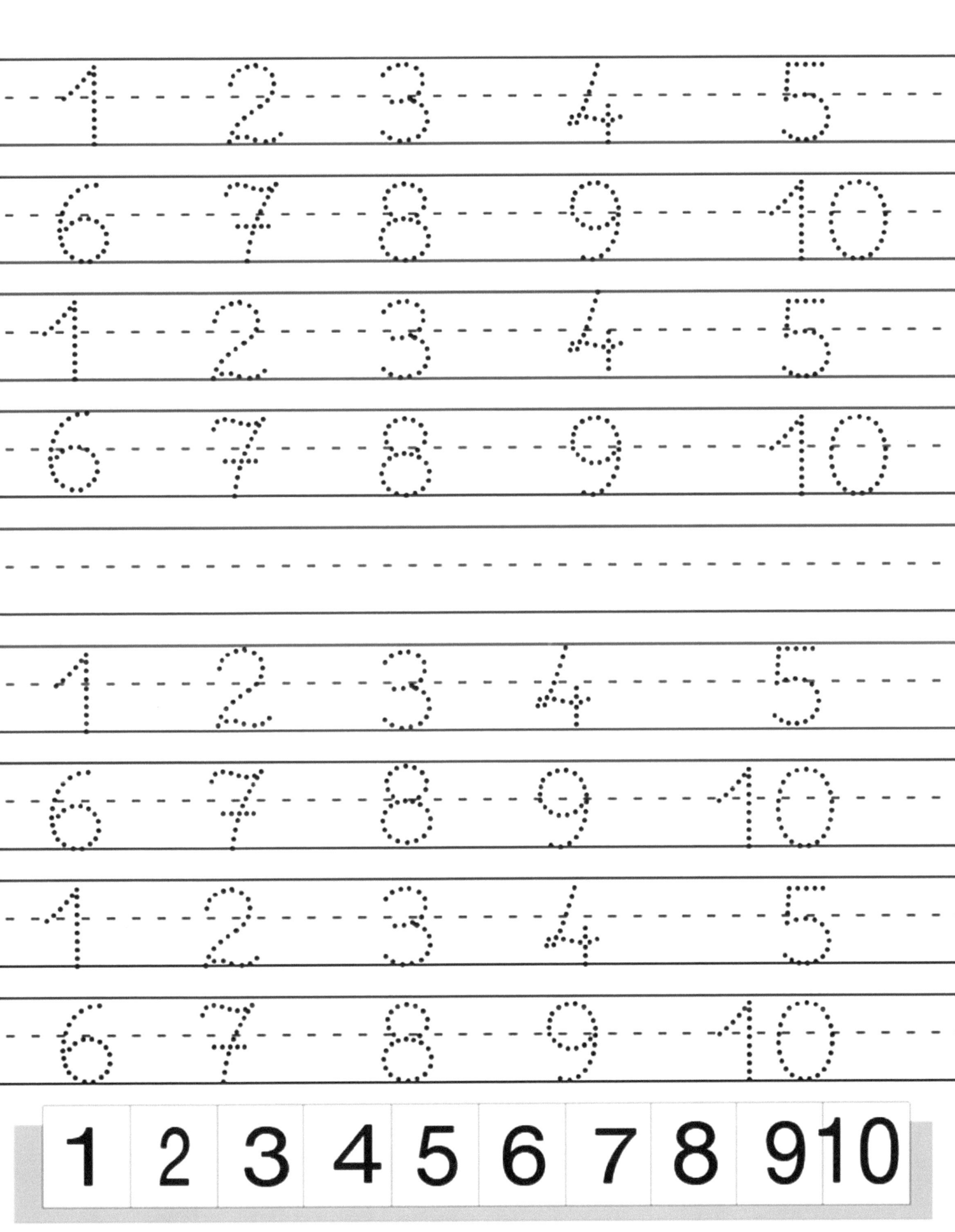

A B C D E F G

H I J K L M N

O P Q R S T U

V W X Y Z

A B C D E

F G H I J K L

M N O P Q R S

T U V W X Y Z

A B C D E F G H I J K L M N O P Q R S T U V W X Y Z

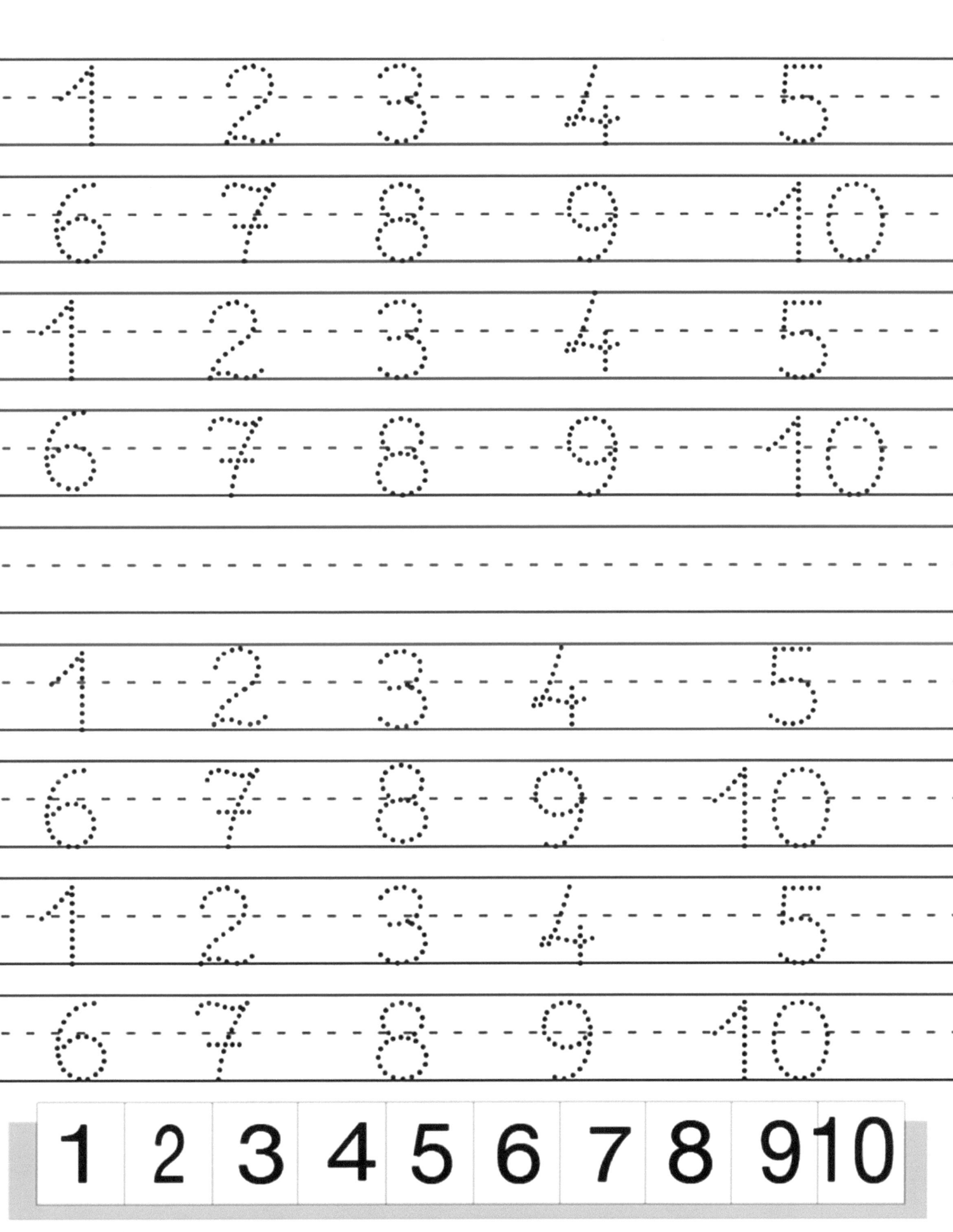

A B C D E F G

H I J K L M N

O P Q R S T U

V W X Y Z

A B C D E

F G H I J K L

M N O P Q R S

T U V W X Y Z

A B C D E F G H I J K L M N O P Q R S T U V W X Y Z

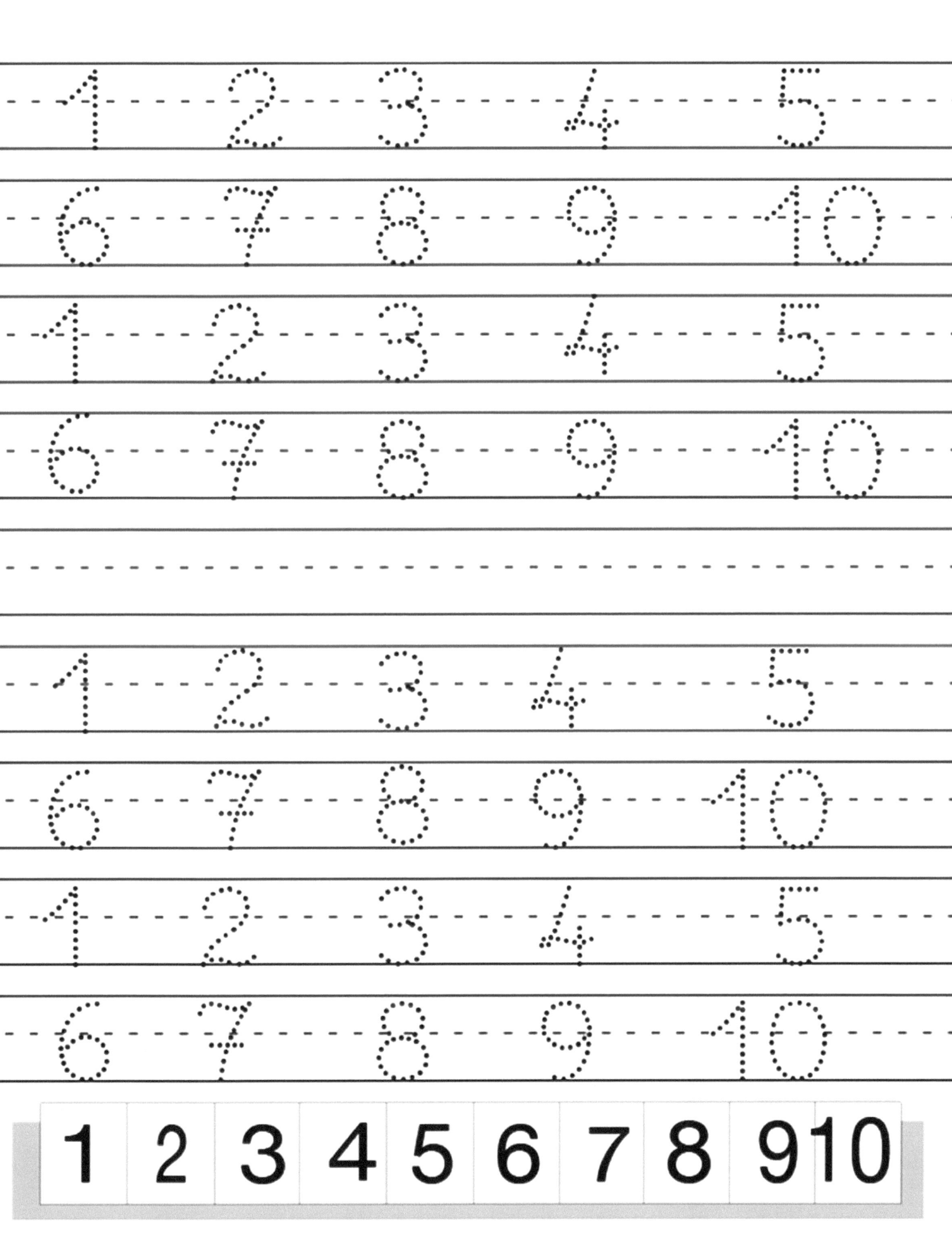

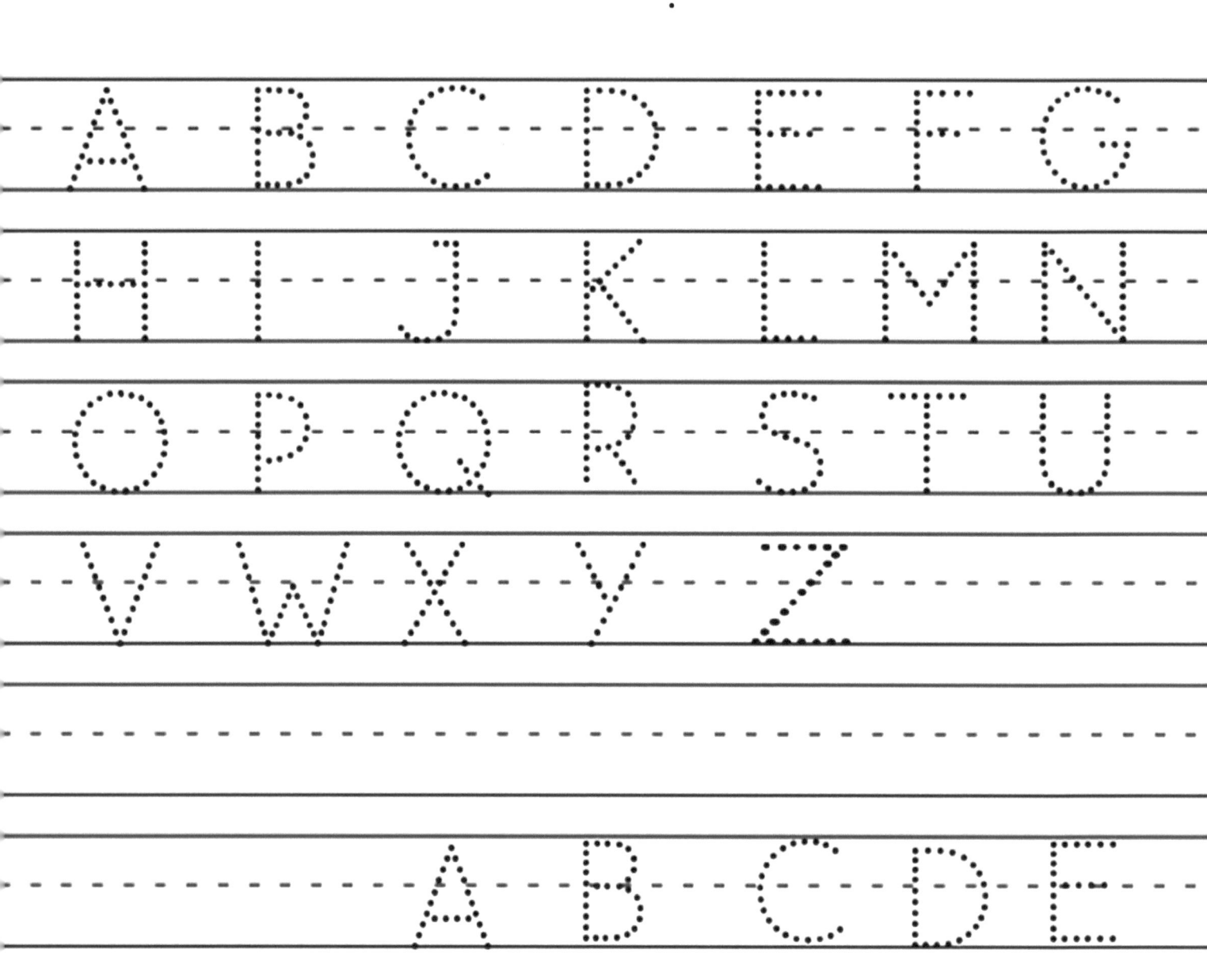

A B C D E F G H I J K L M N O P Q R S T U V W X Y Z

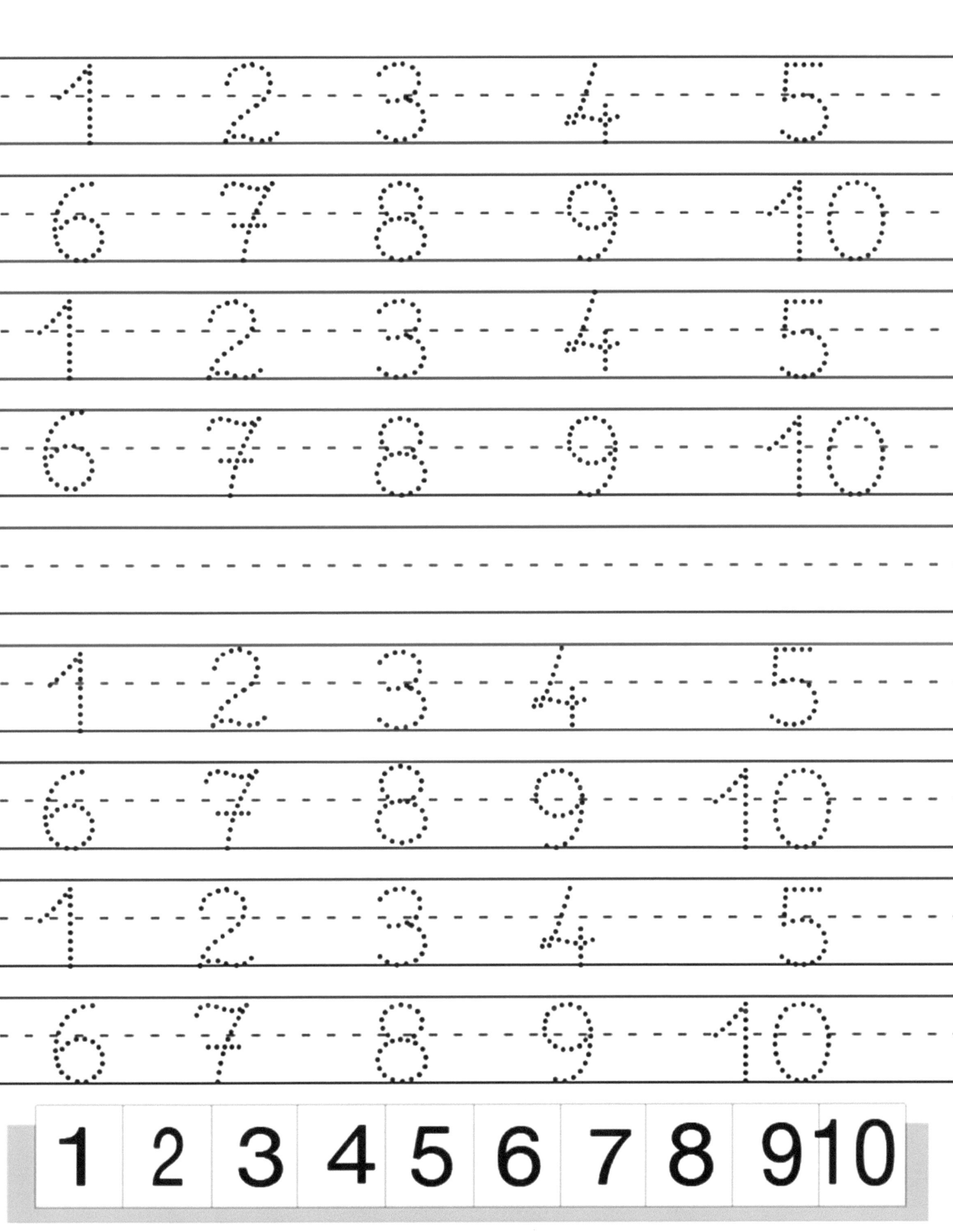

A B C D E F G

H I J K L M N

O P Q R S T U

V W X Y Z

A B C D E

F G H I J K L

M N O P Q R S

T U V W X Y Z

A B C D E F G H I J K L M N O P Q R S T U V W X Y Z

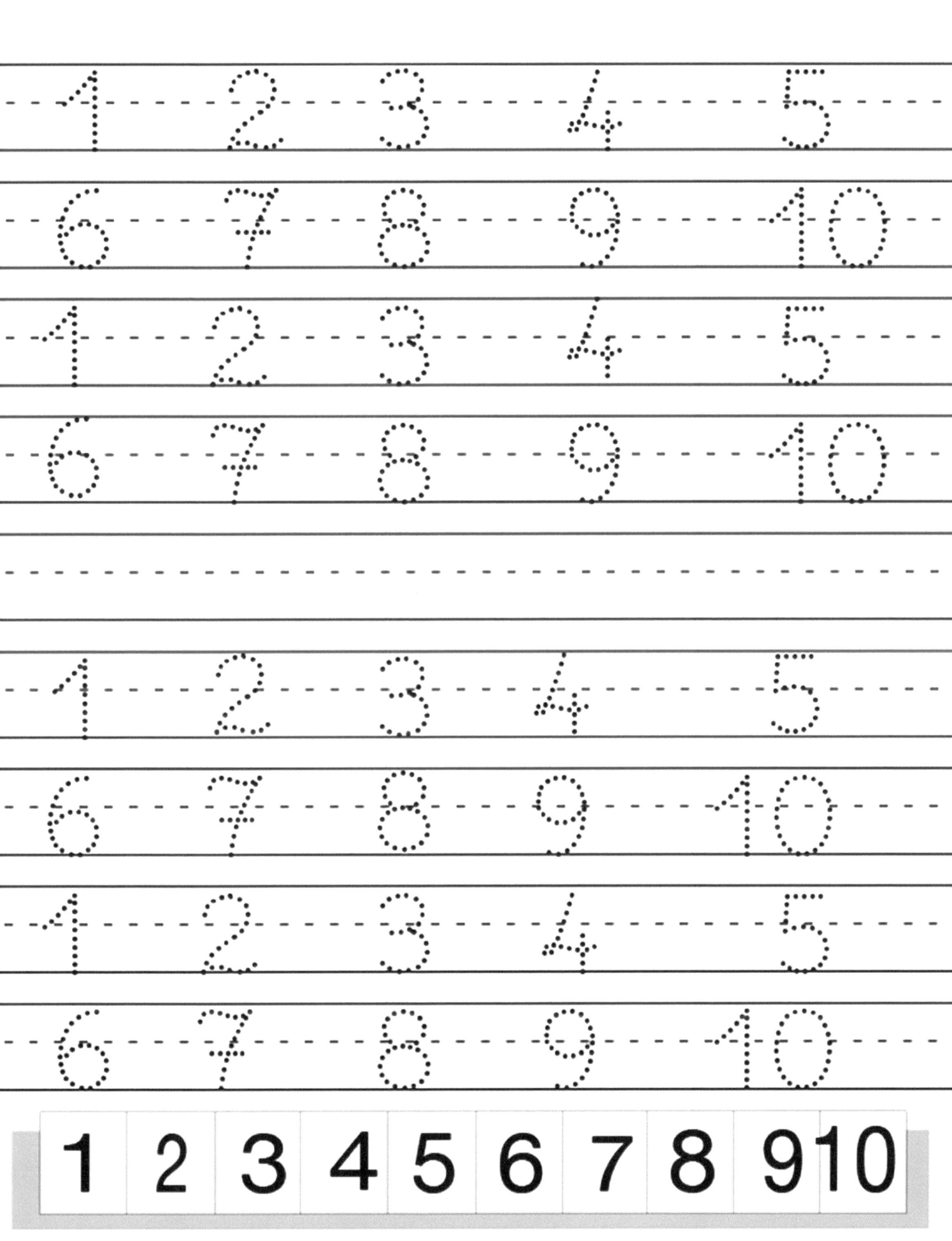

Counting Fun

Counting Fun

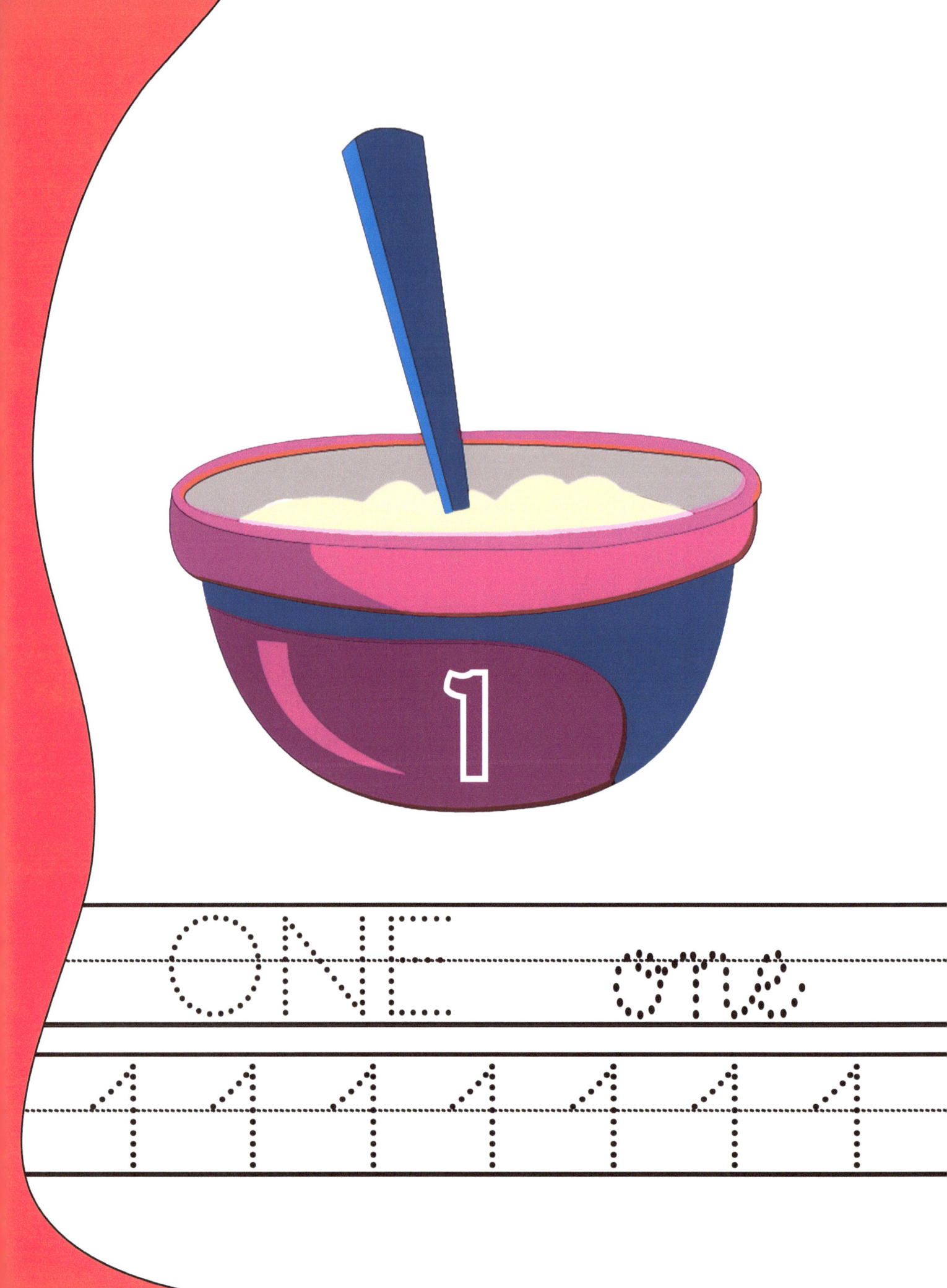

ONE one

1 1 1 1 1 1 1

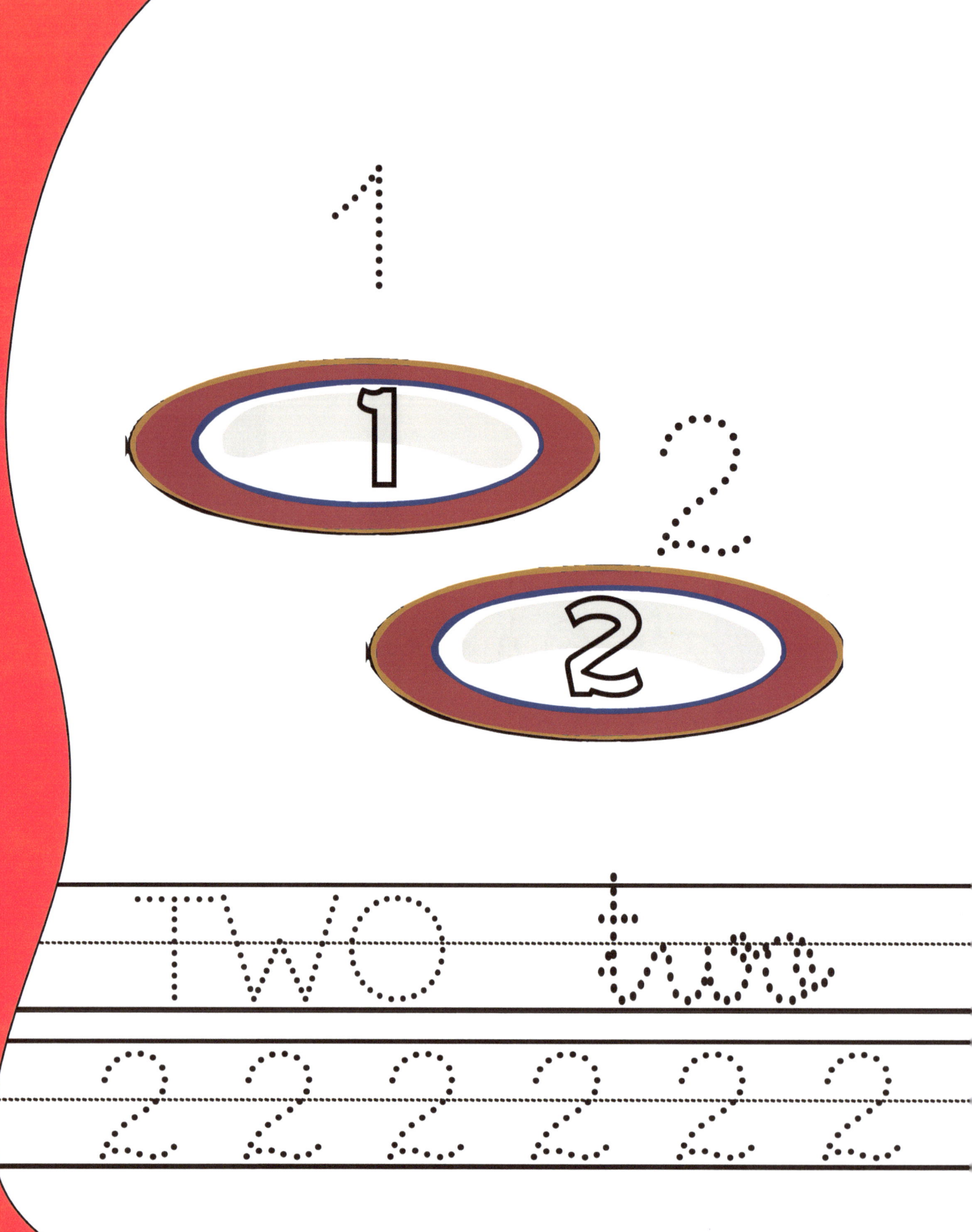

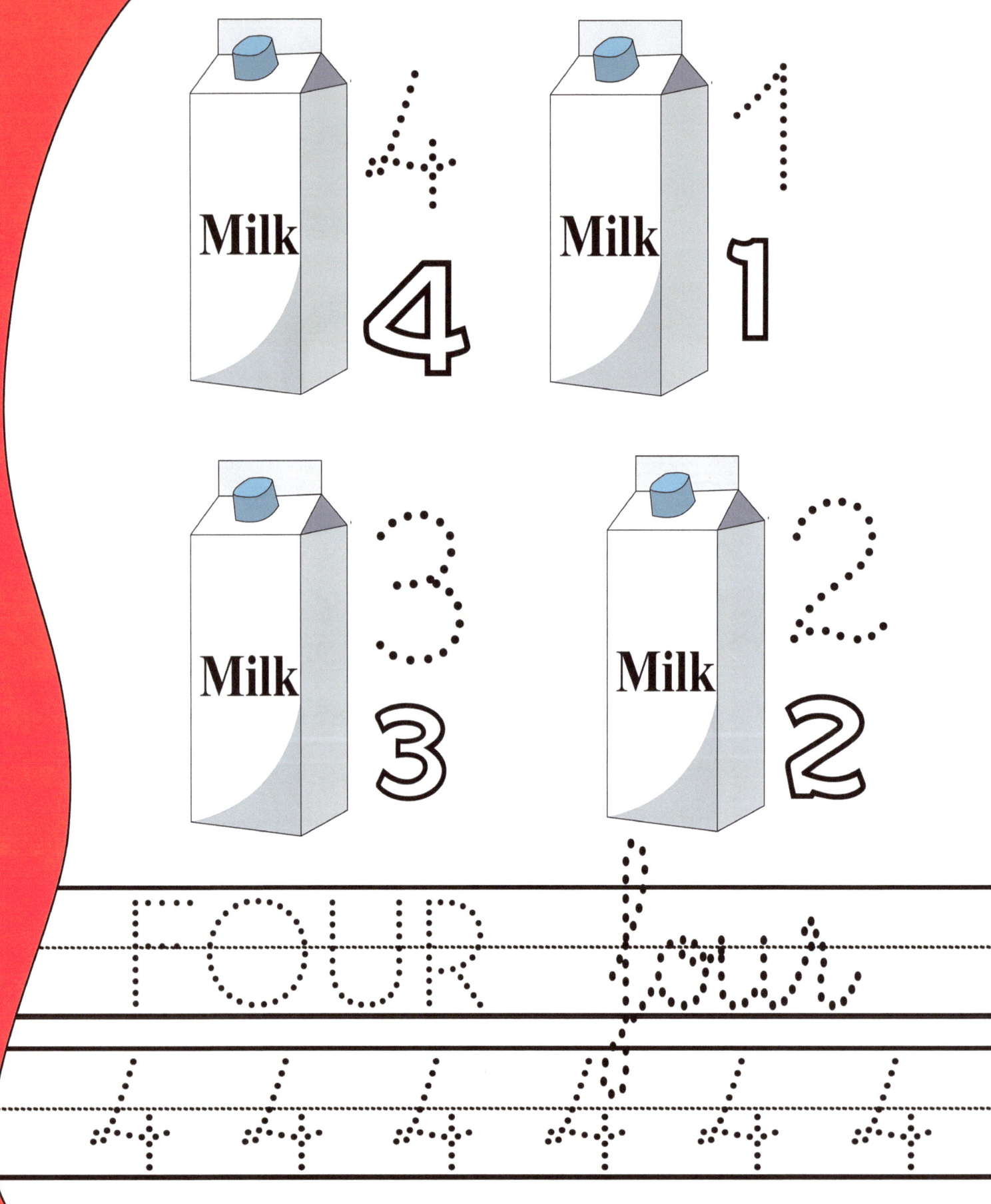

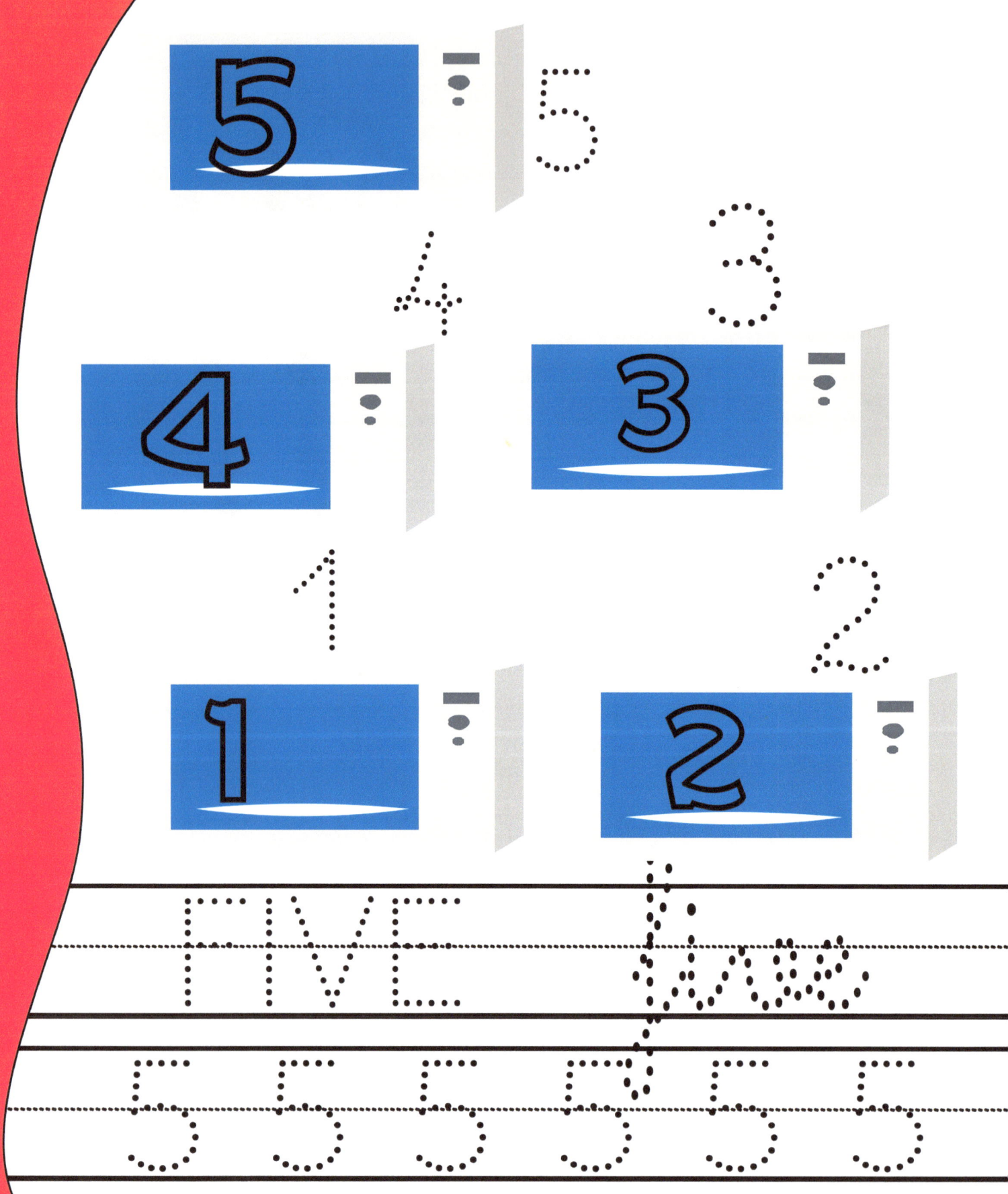

5

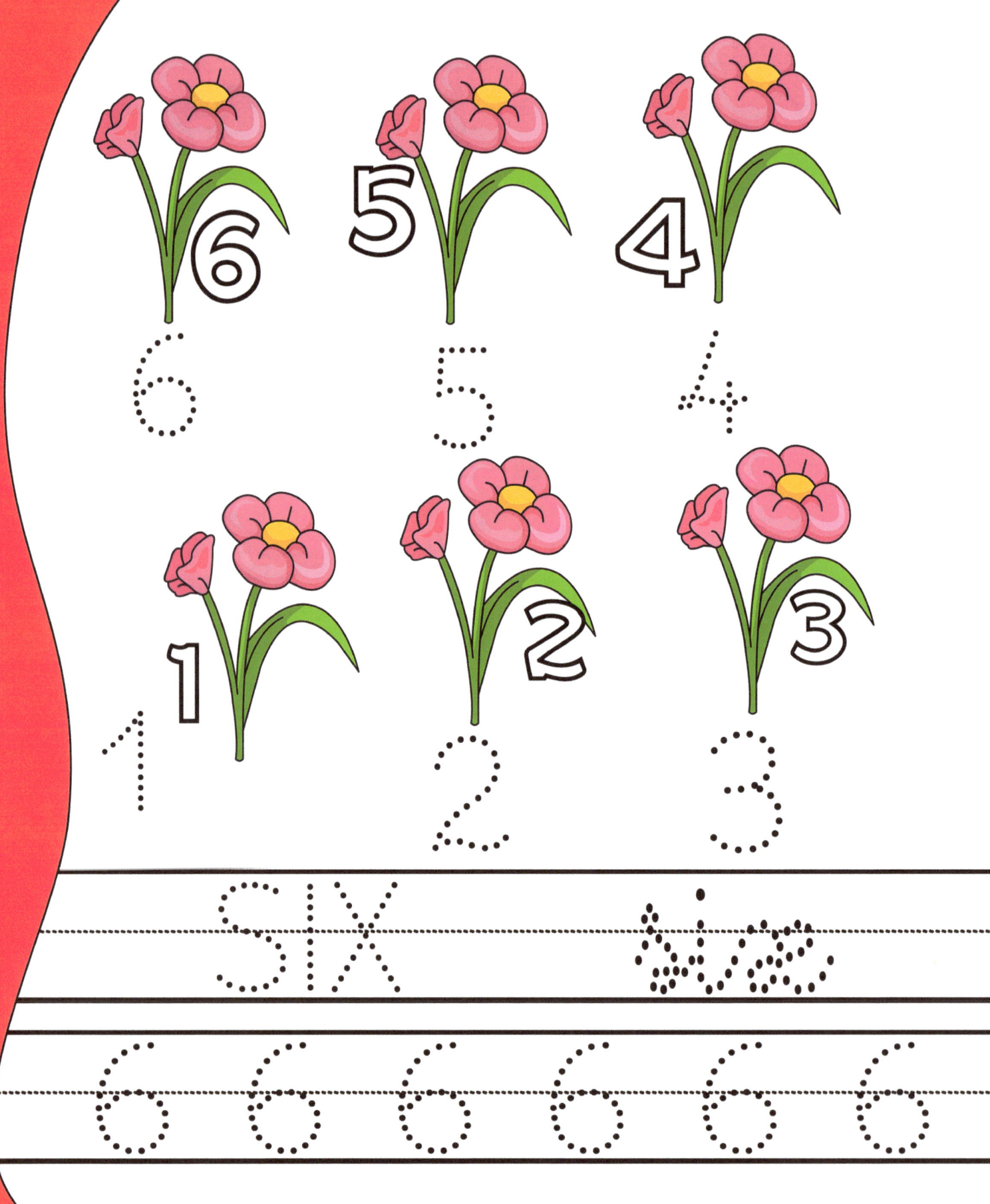

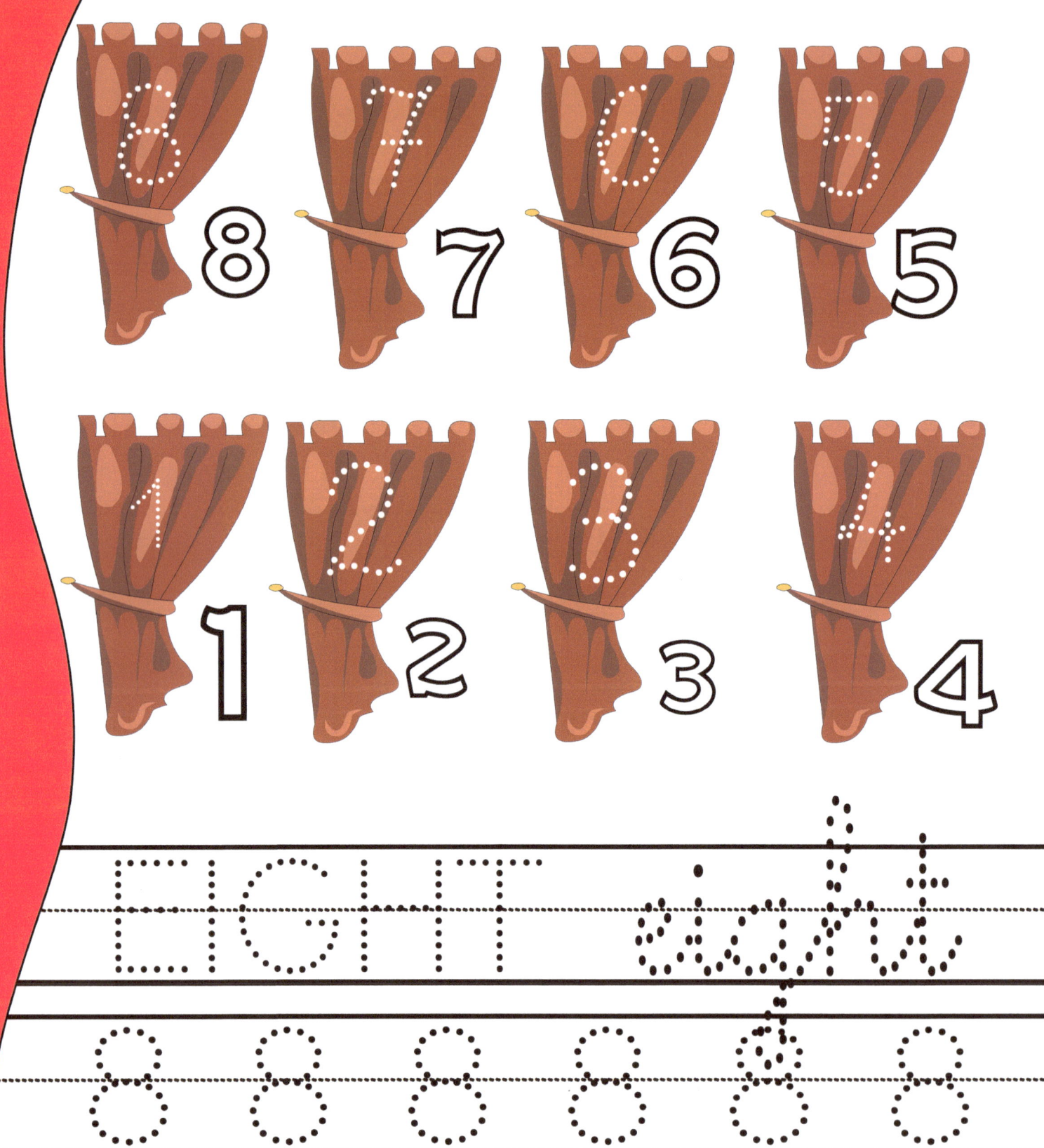

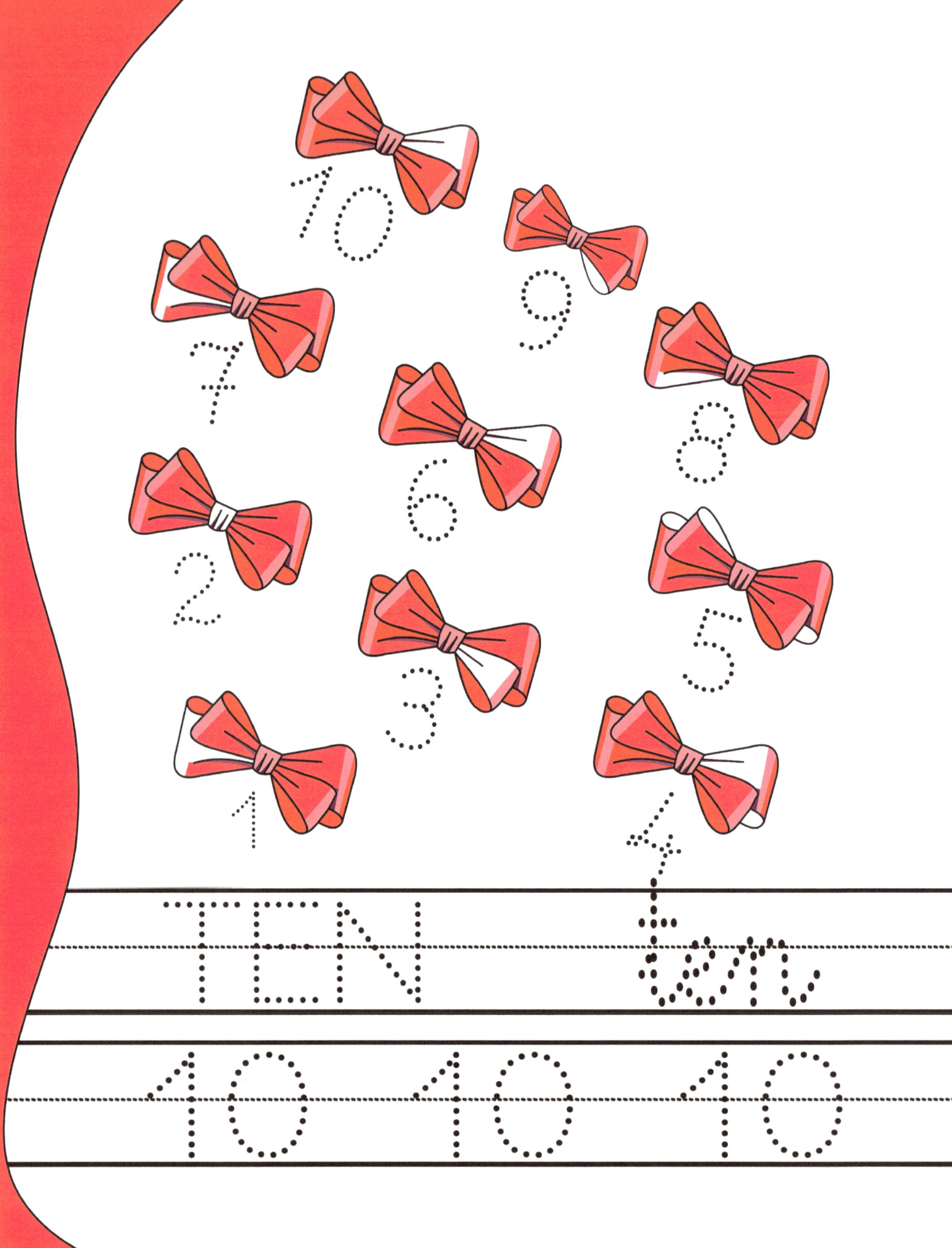

10

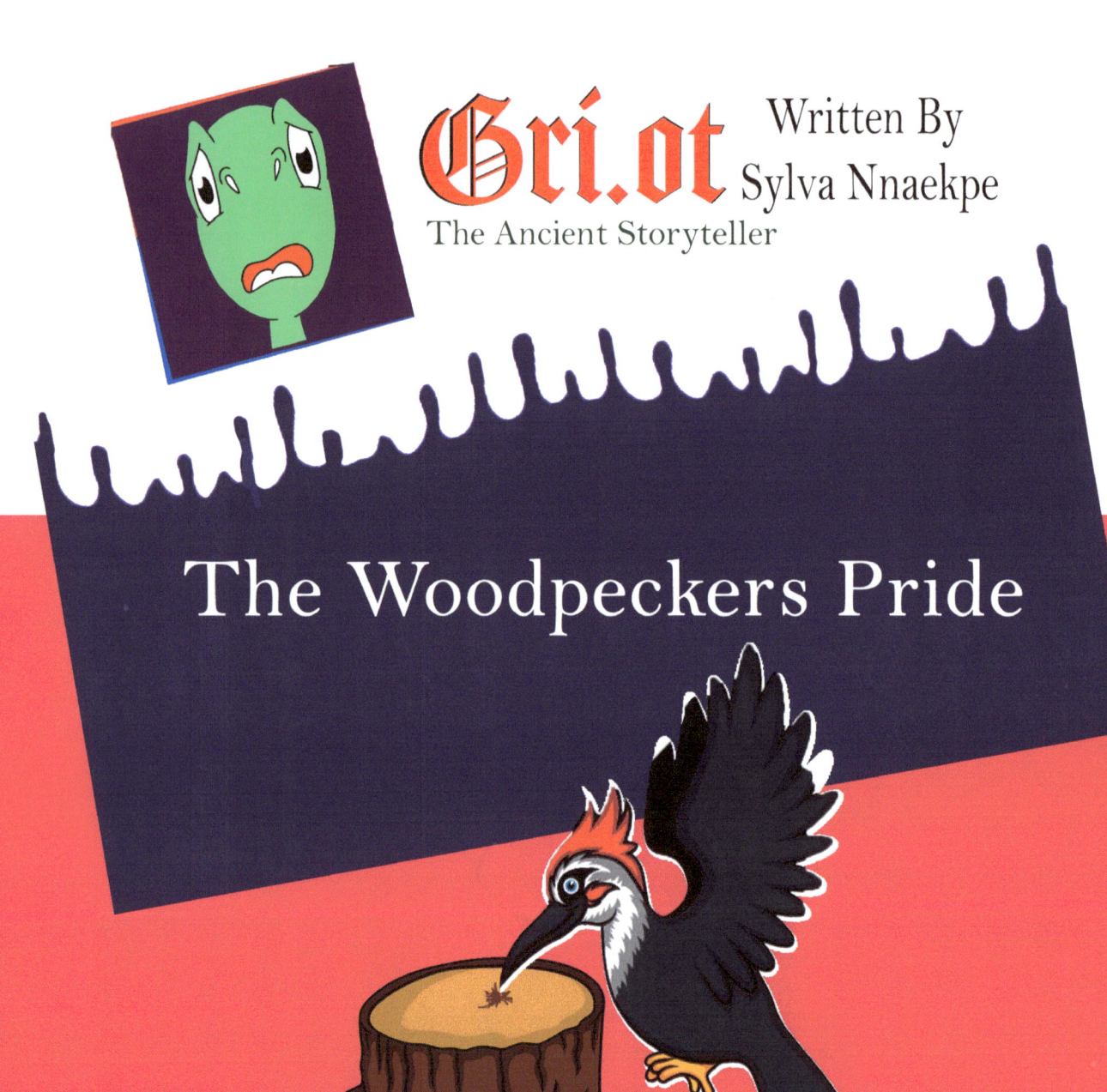

Gri.ot
The Ancient Storyteller

Written By
Sylva Nnaekpe

The Woodpeckers Pride

My name is Griot,
but my friends call me
the Ancient Storyteller.
Today I will share with you the story
of the incredible and talented Woodpecker
who never realized he had a great talent.

The   Woodpecker's Pride

"Pride will take you up the ladder and remove the ladder." - Ivrydbook

The Woodpecker's Pride

The Woodpecker was happy for the talents of his fellow animals but felt sad he did not have a talent.

The Woodpecker's Pride

All the animals would sign up for the talent show and,with pride, show off their skills.

The  Woodpecker's   Pride

The peacock
flaunted his magnificent
colorful tails,

The  Woodpecker's  Pride

the chicken crowed, and everyone instantly knew it was dawn in minutes.

The Woodpecker's Pride

The lion roared and exhibited his strength and masculinity as the king of the jungle,

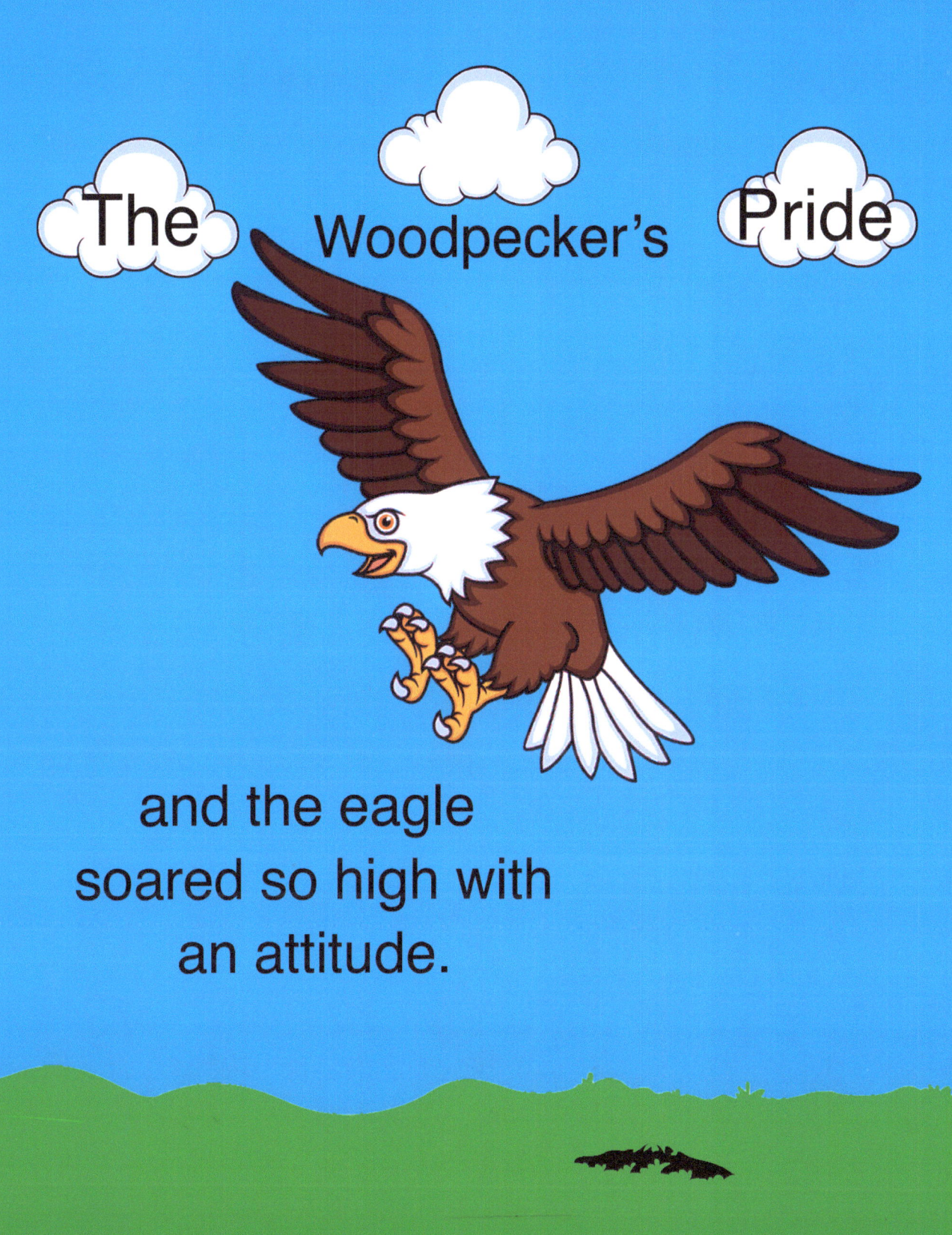

The Woodpecker's Pride

and the eagle
soared so high with
an attitude.

The  Woodpecker's  Pride

The Woodpecker isolated himself
for weeks because he was sad
and felt he had no talent to
show off.

The  Woodpecker's   Pride

One day, other animals searched for him because they no longer had firewood to cook their food, wood to make their furniture, canoes, and paper. The animals missed the drumming of his beak into the woods.

The Woodpecker's Pride

At that moment, suddenly, it dawned on the Woodpecker that he had a talent and the strength to bring down the strongest and tallest of Irokos with his consistent and untiring pecking into the tree.

The  Woodpecker's  Pride

And the moment
the Woodpecker realized this,
his world became magically
bright and confident.

The **Woodpecker's** **Pride**

The Woodpecker
became the most sort after
because of his incredible talent for
pecking woods and drumming
with his beak.

 The  Woodpecker's  Pride

One day after one of his concerts,
the Woodpecker boasted to his friends
that during the next talent show, he would
bring down the tallest Iroko tree with his
beak and carve his name on it
to honor himself.

The  Woodpecker's   Pride

Everyone applauded the Woodpecker for being an incredible talent and celebrated his pride. However, when the next talent show came, the Woodpecker had a huge boil on his mouth and could not live up to that promise.

The Woodpeckers
mouth boil made him sad.
" I feel so embarrassed,"
the Woodpecker murmured.
" I wish I had kept my plans to myself."
the Woodpecker cried.
Immediately he pulled himself together,
went to the doctor to have his boil treated.
He reassured himself that he would
keep his plans to himself next time
instead of boasting about them.

Three months later,
the Woodpecker signed up for
another talent show and apologized
to his friends for boasting about
his talent. "Apology accepted,"
his friends screamed
in excitement.

On the day of the talent show,
the Woodpecker made fantastic music
with the drumming of his beak into
the wood instead of bringing down the
tallest and mightiest tree to show off.
The crowd was so happy
and danced all night
to his music.

The   Woodpecker's  Pride

"Be careful
what you wish for;
it may come in packages
you least expect."

And remember,

"Pride will take you up
the ladder and remove the
ladder." - Ivrydbook

The woodpecker

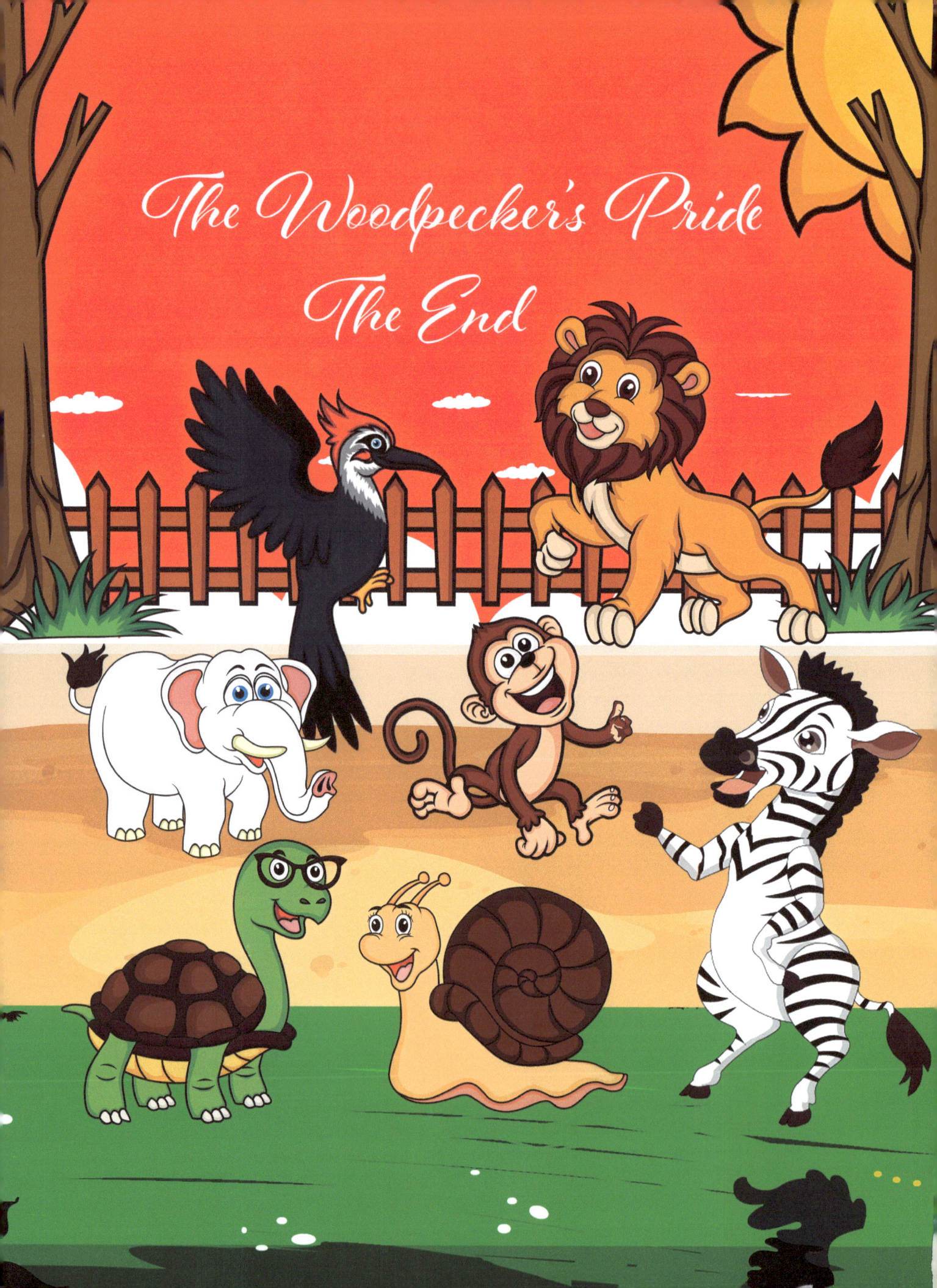

The Woodpecker's Pride
The End